学会用换位思考、换向思考、换心思考的方式解决问题

Don't Put Questions To The Boss

别把问题留给老板

(修订本)

卢伟东 著

重庆出版集团 重庆出版社

图书在版编目（CIP）数据

别把问题留给老板 / 卢伟东著. -- 修订本. -- 重庆：重庆出版社, 2013.12
ISBN 978-7-229-07271-1

I.①别… II.①卢… III.①企业 – 职工 – 职业道德
IV.①F272.92

中国版本图书馆CIP数据核字（2013）第294322号

别把问题留给老板(修订本)
BIE BA WENTI LIUGEI LAOBAN
卢伟东 著

出 版 人：罗小卫
责任编辑：温远才　朱小玉
策划编辑：陈　辉
装帧设计：重庆出版集团艺术设计有限公司·蒋忠智

重庆出版集团 出版
重庆出版社

重庆长江二路205号　邮政编码：400016　http://www.cqph.com
重庆市圣立印刷有限公司印刷
重庆出版集团图书发行有限公司发行
E-mail:fxchu@cqph.com　邮购电话：023-68809452
全国新华书店经销

开本：710mm×1 000mm　1/16　印张：12　字数：128千
2013年12月第1版　2013年12月第1次印刷
ISBN：978-7-229-07271-1
定价：28.80元

如有印装质量问题，请向本集团图书发行有限公司调换：023-68706683

版权所有　侵权必究

前言 FOREWORD

企业的发展要靠员工的业绩来推动，每个老板都希望自己的员工能够出色地完成工作，作出令人满意的业绩，而不是在工作中把问题留给老板。事实上，在很多企业里，老板不得不亲力亲为，去解决下属做不好的事情，甚至为他们收拾烂摊子，这是老板的悲哀，是下属的耻辱，更是企业的不幸。

1999年，美国零售巨头凯玛特开始显露出走下坡路的迹象，这时有一个关于凯玛特的故事在广泛流传：

在1990年的凯玛特总结年会上，一位高级经理发现自己的工作中出现了一个问题，于是，他便向坐在他身边的上司请示该如何更正，这位上司不知如何回答，便向他的上级请示："我不知道如何解决，你看怎么办？"而那位上司的上司又转过身来，向他的上司请示。就这样一个小小的问题，一直推到总经理帕金那里。帕金后来回忆道："真是可笑，没有人积极思考解决问题的办法，而宁愿将问题一直推到最高领导那里。"

2002年1月22日，凯玛特正式申请破产保护。或许这个故事反映的现象只是凯玛特破产的根源之一，缺少为企业解决问题的管理者和员工。

企业在发展的过程中，总会不可避免地遭遇到各种棘手问题的困扰，因此老板们迫切需要的是那种能够及时为公司解决问题的员工。然而现实生活中有很多员工并不是这样。他们不能把最满意的结果带给老板，相反，总是在工作中遗留大量未解决的问题。例如：

老板让会计做一份财务报表，最后看到的却是错漏百出的数据与毫无价值的分析。

公司在发展过程中出现问题，很多员工却熟视无睹，任由其蔓延滋长。

很多员工认为自己受雇于公司，只要完成上级交代的任务就可以了，从没想过要去做公司发展所需要的事情。

当公司的发展需要献计献策的时候，很多人觉得自己只是一名普通员工，认为决策是上级和老板的事情。

老板交代员工去做一件事情，员工却把精力花费在找借口和拖延上，而不是积极想办法解决。

工作中出现了问题，员工在第一时间想的不是解决问题，而是如何把"球"踢给别人。

老板雇佣员工，是期望员工为公司创造价值，推动企业发展，是希望员工能为公司成长做出积极有益的事情，解决实际问题，而不是制造问题或者作问题的旁观者。仔细分析，就不难发现员工出现上述问题的原因主要有以下几个方面：

首先，是员工职业精神的缺失。比如责任心不强；对任务的理解不到位；缺乏团队合作意识；懒惰、做事拖拉；缺乏积极主动。

其次，是员工个人素质的不高。比如畏难消极、逃避问题；意志不坚，做事不能持之以恒；优柔寡断，不能决策执行；思想陈旧，缺乏创新进取意识。

最后，是员工做事方法的不当。比如做事缺乏条理，不懂得要事第一；不能有效掌控自己的时间，做事不能专心致志等。

事实上解决问题不仅需要毅力和勇气，同时更需要科学高效的工作方法。因此本书侧重于为读者提供解决问题的最有效方法和工具，一位哲人曾经说过，"风可以把蜡烛吹灭，也可以把篝火吹旺"。同样，问题可以带给我们阻碍，也能够成为我们成功的垫脚石。优秀的员工不会逃避问题，对于他们而言，问题只会促使他们更加积极地思考。他们会用主动负责的职业精神和科学高效的工作方法，解决好工作中的每一个问题。全力以赴，尽职尽责地做好自己的工作。把满意的结果留给老板。

目录 CONTENTS

前言 / 1

第一章　把问题留给自己，把业绩留给老板 / 1
业绩决定一切 / 2
老板更看重结果 / 4
完成任务≠结果 / 6
把问题留给自己，把业绩留给老板 / 8
解决问题的关键就在你身上 / 11
越回避，问题越严重 / 13
让问题止于自己的行动 / 15

第二章　面对问题，主动承担责任 / 19
问题出来了，不要推卸责任 / 20
不要说你不知道 / 23
承认错误，问题就解决了一半 / 25
从自己身上找原因 / 28
对结果负责 / 30
不要为失职找借口 / 33

第三章　勇于承担，为老板排忧解难 / 37

当好马前卒，为老板排忧解难 / 38
提建议，而不是提问题 / 41
独当一面，不把问题留给老板 / 45
抢在老板前面思考 / 47
关键时刻挺身而出 / 50
帮助老板"开源节流" / 54
把公司的事当成自己的事 / 57

第四章　不要只做老板告诉你的事 / 61

企业的终极期望 / 62
老板不在自动自发去工作 / 66
多做一些分外的事 / 69
主动"补位"，做公司需要的事 / 72
比老板更积极主动 / 75
勤奋不已 / 77

第五章　决不拖延，该做的事马上去做 / 81

拖延不是无所谓的耽搁 / 82
最佳的任务完成期是昨天 / 85
想到就做，马上行动 / 87
发现问题及时解决 / 90
拒绝犹豫，果断出击 / 93
积极行动，不找借口 / 96
今日之事今日毕 / 98

第六章　积极思考，遇到问题找方法 / 103

只要思想不滑坡，方法总比问题多 / 104
把大问题分解成小目标 / 108
超越问题的水平线 / 111
问题来了积极思考 / 114
突破定势思维 / 116
发现问题的关键 / 119
把问题变成"转机" / 122

第七章　全力以赴，保证完成任务 / 125

接受任务，尽最大努力去做 / 126
在问题面前保持勇敢 / 129
不为执行找借口 / 131
用好团队的力量 / 134
做好准备工作 / 138
坚持到底，决不轻言放弃 / 141

第八章　用效率提升工作价值 / 145

要事第一 / 146
做好时间管理 / 150
简化工作 / 154
第一次就把事情做对 / 156
制订工作计划 / 159
一次做好一件事 / 161

第九章　把最满意的结果留给老板 / 165

　　精益求精，尽善尽美 / 166
　　让顾客满意就是让老板满意 / 169
　　培养认真的做事风格 / 172
　　问问自己是不是做得够好了 / 175
　　把工作做到位 / 178

第一章
把问题留给自己，把业绩留给老板

业绩决定一切

在职场中,业绩是衡量人才的唯一标准。一位曾在外企供职多年的人力资源总监颇有感触地说:"所有企业的管理者和老板,只认一样东西,就是业绩。老板给我高薪,凭什么呢?最根本的就是要看我所做的事情,能在市场上产生多大的业绩。"现在就是一个以业绩论英雄的时代。

不管你在公司的地位如何,不管你长相如何,不管你的学历如何,你想在公司里成长、发展、实现自己的目标,你都需要用业绩来实现。只要你能创造业绩,不管在什么公司你都能得到老板的器重,得到晋升的机会。因为你创造的业绩是公司发展的决定性条件。

小智和小柏来自同一所高校,在学校他们是同一届的优秀毕业生,很受老师器重。毕业后他们一起进入了一家知名企业。但是他们的薪水却大不相同:小智的月薪为5000元,但小柏的月薪只有2000

元。相差十分悬殊。

有一天，他们的老师来看望他们，得知他们薪水的差距之后，老师就去问总经理："在学校，他们的成绩都差不多呀，为什么毕业一年就会有这么大的差距？"

总经理听完老师的话，笑着对老师说："在学校他们是学习书本知识，但在公司里，却是要行动，要结果。公司与学校的要求不同，员工如何表现也与学校的考试成绩不同，薪水作为衡量的标准，就自然不同呀！"

成绩，成绩，学生的命根；业绩，业绩，员工的命根！在企业中，老板就是你的老师，你成绩的好坏决定着你在老师心目中的地位。

事实证明，那些乖乖听话、俯首听命的员工，不一定是老板最喜欢的员工，因为在市场竞争如此激烈的今天，老板首先要考虑的是企业的生存与发展，高帽戴得再舒服也比不上企业利润的增长，因此，老板心中最高分数的员工，一定是那些能让公司最赚钱的员工。

所以每年"年尾花红"的时候，那些业绩好、利润高的员工一定是表彰大会的主角。鲜花、美酒，当然丰厚的奖金也是少不了的。很多国际型大企业，每到年终就会进行以业绩为主的员工排位，排在前列的员工不用说一定会趾高气扬，而排在后面的不但脸面无光，还随时会有被老板解雇的可能。这当然怪不得老板，面对严峻的生存形势，老板只能如此。有很多企业都在实行员工末位淘汰制，以此来激励员工。

例如百事可乐就是这样一个以"业绩决定员工成就"的公司。百事可乐推崇一种深入持久的"执行力"文化，强调公司员工"主动执行"公司的任务，100%地去完成它。而那些业绩优秀的员工总是能得到公司的嘉奖，而那些业绩不佳的员工则不断地被淘汰。这种以"业绩论成败"的企业文化塑造了一支有着坚强战斗力的员工队伍，从而使百事可乐逐渐成为可口可乐唯一的对手。

"业绩决定一切"只崇尚结果，也就等于说是结果决定一切。这也许会使许多人的努力看上去白费了。但历史就是按照这种法则在运转的，所谓"成者王，败者寇"。所以以结果来评判执行力，就是对一个人执行力的最佳评价。作为一名优秀的员工就应当及时有效地解决工作中的问题，把最好的结果留给老板。

老板更看重结果

1861年，当美国内战开始时，林肯总统还没有为联邦军队找到一名合适的总指挥官。

林肯先后任用了4名总指挥官，而他们没有一个人能"100％执行总统的命令"——向敌人进攻，打败他们。最后，任务被格兰特完成。

从一名西点军校的毕业生，到一名总指挥官，格兰特升迁的速度几乎是直线的。在战争中，那些能圆满完成任务的人最终会被发现、被任命、被委以重任，因为战场是检验一个士兵、一个将军到底能不能出色完成任务的最佳场所。

在格兰特将军担任联邦军队总指挥官期间，纽约方面派了一个牧师代表团到白宫求见林肯，要求撤换格兰特。林肯耐心地听他们讲了一个小时。然后林肯说："诸位还有话要说吗？"代表们说："没有了。"于是林肯问道："诸位先生，你们讲得很好，我想请你们告诉我，格兰特将军喝的酒是什么牌子的？"大家回答说："不知道。"林肯说："这太令人遗憾了。如果你们能告诉我是什么牌子，我将派人购买该牌子的酒10吨，送给那些没有打过胜仗的将军们，好让他们也像格兰特一样打几场胜仗！"

为什么林肯总统这么器重格兰特？

因为在当时的局势下，联邦军队大部分的将领一直在打败仗，他们甚至差点被南方军队打到华盛顿。他们中间没有一个人敢于主动进攻，更没有一个人能像格兰特那样：当他还是上校时，他就开始打胜仗；当他升为陆军准将时，他还是在打胜仗；当他升为少将时，他仍然在打胜仗。他打的胜仗越来越多，规模也越来越大。他总是能利用手中的有限的军队、有限的武器，赢得战场上的最大胜利。

后来格兰特升为联邦军队的总指挥后，他更创造了战争史上一个又一个的奇迹。

格兰特因为创造了无数影响后人的经典战役，他本人也被称为"战场上的想象大师"。

林肯总统是格兰特最有力的支持者。而格兰特以他非凡的执行力赢得了林肯的信任。

林肯在后来的评价中也曾说道："格兰特将军是我遇见的一个最善于完成任务的人。"

在战场上，林肯总统需要能够像格兰特那样将胜利而不是问题带给自己的将军。同样道理，在职场中，老板也需要那些能够克服困难，将结果而不是问题留给自己的员工。无数的事例证明，既能和老板同舟共济，又具有很强业务能力，总是能圆满完成老板交代的工作的员工，才是老板最欣赏的员工。

完成任务≠结果

工作中，老板关心的事不是出现了什么问题，应当怎样去解决。他们关注的只是问题有没有解决，有没有一个确定的结果。在这里，很多人有一个思想上的认识误区，认为自己只要完成了老板交代的任务，就是创造了业绩，得到了结果，实际上并不是这样。任务只是结果的一个外在形式，它不仅不能代表结果，有时还会成为我们工作中的托辞和障碍。

在职场中，我们必须要明白一个基本的不等式：完成任务≠结果。

有一个小和尚担任撞钟一职，半年下来，觉得无聊之极，认为自己的工作缺乏挑战和新意，只是"做一天和尚撞一天钟"而已。

有一天，住持宣布调他到后院劈柴挑水，原因是他不能胜任撞钟一职。

小和尚很不服气地问："我撞的钟难道不准时、不响亮？"

老住持耐心地告诉他："你撞的钟虽然很准时，也很响亮，但钟声空泛、疲软，没有感召力。钟声是要唤醒沉迷的众生，因此撞出的钟声不仅要洪亮，而且要圆润、浑厚、深沉、悠远。"

为什么小和尚不能胜任撞钟一职？因为小和尚在这里就是在完成任务——撞钟，他以为这就是住持与众生想要的结果。但住持与众生真正想要的结果是什么？不是撞钟，而是唤醒沉迷的众生！在这里，小和尚的工作是撞钟，但其工作的核心价值是唤醒众生，而不是把钟敲响。这为我们的工作带来这样的启示：要取得让老板满意的结果，我们就应当关注自己工作的核心价值，而不是把目光放在任务是否完成上。

发现工作的核心价值对于我们以最快的速度解决工作中的问题至关重要，但是，它必须被正确地定义才能对我们有所帮助。

例如，我们工作的核心价值并非永远不能迟到，或者永远在工作的时候不得与同事闲聊，工作的核心价值就是工作要被完成，并且创造出有利于我们的生活的东西。过分地关注于这些非核心价值的东西，无疑会分散我们宝贵的精力。

举个工作中的例子来说明这一点：当你需要确保按照客户要求的时间交货时，如果把"赶上交货的时间"定义为这项工作的核心价值，你就有可能被这个"期限"压得焦头烂额。你必须明白，服务于客户才是这件事情真正的核心价值，而只有明确了这一点，你才能自发地产生责任感，会付出不计一切代价的努力，拥有热情和应变能力，随时随地地捍卫这一价值所在。所以，真正在我们的工作中起到导向作用的，就是发现工作的核心价值。

例如，在公司里，人力资源部门的"核心价值"就应该是招聘。人力资源部可以把办社保、办培训、算工资等其他一系列相关工作都做得很好，但是就像造房子没有打地基，万丈高楼就无法平地起。假如一个公司的人力资源部门连人都招不进来，那么培训、社保等工作又从何谈起呢？人力资源部的工作也就无价值可言，也谈不上符合公司"内部客户"的需要，更无法与自己的工资进行平等的价值交换。

有位老总曾经苦笑着说，他的公司里来了个新会计，做报表的态度很认真，报表的格式也做得漂漂亮亮、整整齐齐三张纸。可惜，报表上的数据与实际发生额相差甚远，不仅老板看了一头雾水，而且连她自己对报表上的原始数据的来源也都说不清楚。于是，这张报表也就成了名副其实的废纸，在公司管理层作决策时一点参考作用都没有。

这位会计没有发现工作中的核心价值，她虽然表面上完成了任务，却仍然把问题带到了老板那里。

一位会计的"核心价值"是什么？那就是数据的真实性，这是最基本的要求。如果财务的基础数据都出问题，那么任何精确的核算都会失去应有的价值。

台湾有一位博士，在意大利某名牌鞋店买鞋。最合脚的尺码卖完了，他选了一双小一号的，但有一点紧。他想反正鞋穿穿会松的。于是要掏钱买，可售货员拒绝卖给他，理由是顾客试穿时表情不对劲，"我不能将顾客买了会后悔的鞋子卖出去"。

显然，这个售货员是一个真正不把问题留给老板的员工。因为他不仅是在做老板"吩咐"他做的事，而且更懂得老板和公司吩咐他做事的结果：把令人满意的服务提供给消费者。

把问题留给自己，把业绩留给老板

工作中，老板看的是业绩，要的是结果。因此，作为一名优秀的员工应当认清自己的工作使命，做公司发展需要的事，把问题留给自己，把业绩留给老板。然而工作中只有极少数人能够做到这一点。我们总是很容易遇上很多怀才不遇的人，他们身上具备很多优秀的品质，他们也充满激情和梦想，可是他们总是做得不尽如人意，也得不到老板的赏识。相反，总有比他们平庸的人获得成功。他们也常常因此而埋怨：为什么上天不垂青于我？

实际上，这是因为他们只关注自己"我做了什么"，而不关注自己"我做到了什么"，他们只懂得统计自己的工作量，而不知道老板和公司真正需要的结果是什么。当然，他们也无法取得让老板满意的业绩。

员工在工作中会面临很多要求，但最基本的要求就是为什么提供需要的结果。老板安排你做一份工作，实际上是想要你提供这份工作的结果。但是很多人却陷入了一个心理陷阱：因为公司与员工之间，不是采取公司与公司之间那种讨价还价的交换，我们就认为公司与自己之间不是商业交换，而是"一家人"。只要做事，尽力就算是有业绩了，至于是不是达到了公司想要的结果，那就不是自己所关心的了。

事实上，认为在工作中对任务负责，而不是对结果负责，这是对自己工作价值认识上的一个误区。要知道，虽然公司与员工不是在每一件事上都采取直接的讨价还价的方式，但员工应当清楚地意识到，自己既然拿了公司的工资，就应当提供相应的价值。只有抱着这样心态去理解自己的工作，才能解决好工作上的问题，完成自己的工作使命。

工作中有很多人只看到一份工作的权限和职责要求，而看不到这个岗位背后所承载的意义和作用，即工作使命。对工作使命认识不清导致了这样的结果：很多员工虽然任务执行得很"出色"，但仍然是将一大堆的问题留给了公司和老板，这也就是"做什么"与"做到什么"之间的矛盾。

林克是一家著名的管理咨询公司的业务经理。他有一个习惯，就是每次在接受客户的委托之前，总要先花点时间去拜访该客户组织的高级主管。在问了一些有关业务委托方面的问题之后，林克总要向这些高级主管提些诸如"你们公司现在聘用的员工数量是根据什么作出的决定"之类的问题。据林克统计，大部分主管的回答是"我负责的是财务"，或"我主管的是销售"。还有一些人回答是"我掌管100名员工"。只有很少的一部分人才会说："我的责任是向管理者提供决策所需要的正确信息。"或者是"比去年的任务量提升30%是我的责任"。

这两种不同的回答反映了人们对待工作价值认识上的差异。正是这种认识上的差异导致了把问题留给老板还是把业绩留给老板这两种行为上的差异。那些清楚自己工作使命，把业绩留给老板的人比较看重贡献，他们会将自己的注意力转向公司及个人的整体业绩，而不是自己的报酬和升迁。他们的视野广阔，在工作中，他们会认真考虑自己现有的技能水平、专业，乃至自己领导的部门与整个组织或组织目标应该是什么关系，进一步，他们还会从客户或消费者的角度出发考虑问题。这是因为，不管生产什么产品，提供什么服务，其目的都是为了帮助消费者或顾客解决问题。

那些把业绩留给老板的员工会经常自我反省"我究竟做到了什么"，这有利于他们提高工作责任感，充分发掘自己具备但还没有被充分利用的潜力。相反，那些把问题留给老板的员工不知道反省"我究竟做到了什么"，他们不清楚自己的工作使命，只知道将任务完成就可以交差了。这种心态致使他们不但不能充分发挥自己的能力，而且还很有可能把目标搞错，以至于南辕北辙。

解决问题的关键就在你身上

在古罗马时代,一位著名的预言家在一座城市的广场上设下了一个奇特难解的结,并且预言,将来解开这个结的人必定是亚细亚的统治者。众人都非常相信预言家的话,于是,此后很长的一段时间内,有许许多多的人来尝试解开这个结,可是他们最后都一无所获。

当时身为马其顿将军的亚历山大,也听说了有关这个结的预言,于是他率领着他的士兵进驻了这个城市。之后他独自一人骑着马来到了这个广场上,他想尽各种办法试图解开这个结,可是他一次又一次地失败了,这显然令他有些恼火。

几个月过去了,亚历山大作好了充分的准备。他又一次来到了这个广场,用他考虑很长时间的那些方法去解那个结,可是这一次他又失败了。他久经沙场,战无不胜,想不到却被这么一个小小的死结给难住了,想到这些他气愤至极,恨恨地说:我再也不要看到这个结了。

说罢,他抽出了身上的佩剑,一下将那个死结切成了两半——结终于被无意地打开了。果然不出预言家所料,之后不久,亚历山大统治了整个亚细亚。

亚历山大挥剑砍断罗马结的例子给我们这样一个启示,解决问题的关键不在于问题本身,而在于我们没有解开自己的心结。

有一位智者说,这个世界上有两种人。

一种人是看见了问题，然后界定和描述这个问题，并且抱怨这个问题，结果自己也成为了这个问题的一部分。

另一种人是观察问题，并立刻开始寻找解决问题的办法，结果在解决问题的过程中自己的能力得到了锻炼，品质得到了提升。你是要像亚历山大一样，勇于解决问题，让自己成为问题的主宰，还是向问题妥协，让自己成为问题的一部分，其决定权完全在你手中。

作为公司的一员，你要想让老板器重自己，就必须想方设法，使他信任自己，而要想使老板信任自己，就必须让自己做到面对任何问题都能声色不变，处之泰然，并妥善解决。而不是把问题留给老板去解决。这样，你才能让自己成为老板身边不可或缺的人。善于动脑子分析问题并能妥善解决问题，不把问题留给别人的员工，无论在什么时候，都会是老板青睐的对象。

如果面对问题，你总不能妥善解决，那么问题就会成为你工作的负担，这样，不只是你本人的不幸，也是老板的不幸。因为企业在发展过程中，总会不可避免地遭遇到各种问题的困扰。它们的出现，就像太阳日升夜落般自然。所以，老板们迫切需要那种能及时化解问题的人才。

从根本上讲，老板欣赏处事冷静，善于解决问题的员工，并惺惺相惜。因为老板们之所以能做到老板的位置，敢于直面问题，能够妥善解决问题正是其中的一个重要能力。

所以，工作中遇到林林总总的问题时，不要幻想逃避，不要犹豫不决，不要依赖他人意见，要敢于作出自己的判断。对于自己能够判断，而又是本职范围内的事情，大胆地去拿主意，不必全部禀报老板。否则，那只会显得你工作无能，也显得老板领导无方。让问题在你那儿解决掉吧。解决了这些问题，你才能获得新的契机。否则，你一辈子注定要被打入冷宫。而当周围的人们都喜欢找你解决问题时，你无形中就建立起善于解决问题的好名声，取得了胜人一筹的竞争优势，老板必定会知道你是个良才。

"与其诅咒黑暗，不如点起一支蜡烛"，这句话是克里斯托弗斯的座右铭，它也应当成为指导我们工作和生活的一条准则。通过诅咒和抱怨我们什么也改变不了，黑暗和恐惧仍然存在，而且还会因为人们的逃避和夸大而增加问题解决的难度。

然而，如果我们果断地采取行动，及时寻找解决问题的办法，哪怕我们只做了一点点努力，也会使我们朝着克服困难、解决问题的方向迈进一步。同时，我们还可能在积极努力的过程中找到不同的、更便捷的解决问题的方式。因为解决问题的关键就在我们身上。

越回避，问题越严重

生活与工作中有很多的问题会等着我们去解决。在这种情况下，明智之人不会去祈求生活一帆风顺和万事如意，他们只祈求当每个问题发生时，都有面对的勇气与毅力，以及解决问题的智慧。

卡尔是一家管理培训机构的学员，他每天都要面对众多的工作问题。有一天他向他的老师抱怨说："我现在都快被问题烦死了，人生要是没有问题那该多么轻松。"他的老师说："你如果想轻松，只有一种可能，那就是死亡，因为只有死后人才没有任何问题。不要害怕问题多，问题越多证明你的思考能力越强，越能使你充满活力。"老师的一番话改变了卡尔对问题的一贯看法，使他以后不再害怕和逃避任何工作上的问题。

迈尔·戴尔在培训员工时常常说："不要粉饰太平。"他的意思是说，我们不要试图把错误的事情用各种理由加以美化，即使暂时掩盖了真相，然而问题却迟早会出现，所以直接面对最好。每当他的经营出现问题后，他都会以积极的态度正面迎接问题，而不是强调理由逃避问题，也从不找借口搪塞。他以这种斩钉截铁的态度去面对所有错误，坦白承认说："我遇到问题了，我负有责任，因此我必须进行修正。"他很清楚，如果自己不这么做，别人这样做了，成功就会属于别人。

回避问题并不能使问题得到解决，相反，还可能因为拖延而使问题变得更为严重。所以面对问题，只有积极行动，才能发现正确的解决之道。迈尔·戴尔认为，在问题背后强调理由，是世界上最没有影响力的语言。如果用两种方式表述工作中面临的同一问题，一种是对问题的客观分析以及改善建议，另一种则是消极地强调理由，无论你作为老板还是员工，你更喜欢哪一种？搪塞职责的人无疑注定与成功无缘，因为他使用了一个低能者所惯用的生存工具——抱怨，这只会令人迷失解决问题的方向。

因此，如果问题到来之前我们没有作好充分的准备，当问题已经发生时，除了勇敢地承担责任和解决问题之外，不应找任何理由来证明问题与自己无关。这样，只会导致你将问题推给别人。

拿破仑·希尔认为，外界的挫折和困难无处不在，成功的机会与这些挫折和困难相随，你面临的最大问题既不是困难过于强大，也不是机会之神不眷顾，而是你自己的怯懦和退缩。认清这一点，你就会发现，在问题面前，自己所有能够想到的理由都不堪一击。当问题已经到来时，任何理由都站不住脚，更何况，这些理由不但不能使你摆脱问题，而且还会令你身上的问题更加恶化。

一天，一对年轻夫妇顶着瓢泼大雨来见智者，原来是这对夫妇家的房子早就漏水了，如今被雨水猛烈冲击，家里的许多东西都被淹了。

这对夫妇不断争吵，互相埋怨，他们来找智者的目的就是让智者来评一评到底是谁使家中遭受如此严重的灾难，关于这个问题他们已经吵了一整天。

智者对他们说："如果你们不是互相埋怨，而是齐心协力地及早解决问题，如果你们把争吵的时间和精力用在修补房子上，那你们今天就可以在房间里享受家庭的温馨了。"

无论是抱怨还是逃避都不能使问题消失或者变得更小，相反，它只会因为抱怨和逃避、拖延而更加恶化。当问题来临时，所有的推脱、指责、抱怨都远远不如及时解决来得更有效。**每一个问题之中都隐藏着解决的办法，只要你真正拿出行动，用积极的心态去面对，事情就终有解决的时候。**

让问题止于自己的行动

美国总统杜鲁门上任后，在自己的办公桌上摆了个牌子，上面写着"The Buck Stops Here"，翻译成中文是"问题到此为止"，意思就是说:"让自己负起责任来,不要把问题丢给别人。"把这句话引申到职场上,让问题止于自己,不把问题留给老板是一个人不可或缺的职业精神。大多数情况下,人们会对那些容易解决的事情负责,而把那些有难度的事情推给别人,这种思维常常会导致我们工作上的失败。

有一个著名的企业家说:"员工必须停止把问题推给别人,应该学会运用自己的意志力和责任感,着手行动,处理这些问题,让自己真正承担起自己的责任来。"让问题止于自己的行动,不把问题留给别人的最佳典范是给加西亚将军送信的安德鲁·罗文中尉。这个被授予勇士勋章的中尉最宝贵的财富不仅是他卓越的军事才能,还有他令人钦佩的职业精神。

那是在多年前,美西战争即将爆发,为了争取战场上的主动,美国总统麦金莱急需一名合适的送信人,把信送给古巴的加西亚将军。军事情报局推荐了安德鲁·罗文。罗文接到这封信之后,没有报怨任务的困难,孤身一人出发了。整个过程是艰难而又危险的,罗文中尉凭借自己的勇敢和忠诚,历经千辛万苦,冲出敌人的重重包围,把信送给了加西亚将军——一个掌握着军事行动决定性力量的人。

罗文中尉最终完成任务,凭借的不仅仅是他的军事才能,还有他在完成任务过程中所表现出的"一定要将问题解决"的敬业精神。

除了一定要将任务执行到底的决心和意志之外,一名不把问题留给老板的员工在面临工作中林林总总的问题时,还应当有自己的主见。面对问题,他们既不会幻想逃避,也不会犹豫不决,更不会依赖他人意见,而是敢于作出自己的判断。对于自己能够判断,而又是本职范围内的事情,他们会大胆地拿主意,"让问题到此为止",而不是全部请教老板。

美国钢铁大王安德鲁·卡内基年轻的时候，曾经在铁路公司做电报员。有一天正好他值班，突然收到了一封紧急电报，原来在附近的铁路上，有一列装满货物的火车出了轨道，要求上司通知所有要通过这条铁路的火车改变路线或者暂停运行，以免发生撞车事故。

因为是星期天，一连打了好几个电话，卡内基也找不到主管上司，眼看时间一分一秒地过去，而此时正有一次列车驶向出事地点。卡内基作了一个大胆的决定，他冒充上司给所有要经过这里的列车司机发出命令，让他们立即改变轨道。按照当时铁路公司的规定，电报员擅自冒用上级名义发报，唯一的处分就是立即开除。卡内基十分清楚这项规定，于是在发完命令后，就写了一封辞职信，放到了上司的办公桌上。

第二天，卡内基没有去上班，却接到了上司的电话。来到上司的办公室后，这位向来以严厉著称的上司当着卡内基的面将辞职信撕碎，微笑着对卡内基说："由于我要调到公司的其他部门工作，我们已经决定由你担任这里的负责人。不是因为其他任何原因，只是因为你在正确的时机作了一个正确的选择。"

老板聘用一个人，给他一个职位，给他与这个职位相应的权力，目的是为了让他完成与这个职位相应的工作，妥善及时地解决工作中出现的问题，而不是听他关于问题的长篇累牍的分析。

美国肯塔基丰田装配厂的管理者迈克·达普里莱把丰田生产方式描述为3个层次：技术、制度和哲学。他说："许多工厂装了紧急拉绳，如果出现问题，你可以拉动绳子让装配线停下来。5岁的孩子都能拉动这根绳，但是在丰田的工厂里，工人被灌输的哲学是，拉动这根绳子是一种耻辱，所以人人都仔细操作，不使生产线出现问题，所以那根绳子潜在的意义远远大于它的实际作用。"

在这里，是否拉动这根绳子，其实体现的是对待工作的态度问题。一个对工作积极负责，不把问题留给别人的员工是不容许自己去拉动这样的紧急拉绳的，相反，他们会想出各种办法，让问题止于自己的行动。

在老板眼中，没有任何事情能够比一个员工独立处理和解决问题，更能表现出他的责任感、主动性和独当一面的能力。一个经常为老板解决问题的人，自然能得到老板的青睐。首先，他没有让问题延误，酿成大患；其次，他让老板非常省心省力，老板因此可以把精力集中到更重大的问题上。有了这样的员工，老板就少了很多后顾之忧。

第二章

面对问题,主动承担责任

问题出来了,不要推卸责任

勇于面对问题既是一种品质,又是一种责任。一个不把问题留给老板的员工在问题出现时应当勇于面对,主动承担,而不是把问题背后的责任推给他人。然而在现代职场中勇于承担责任的人已经越来越少了,大家都学会互相推诿和转嫁责任,并美其名曰:转嫁风险。当你初涉职场的时候,会有些前辈非常老到地对你说:凡事不要揽责任,你才会在公司里不犯错误。话是不错,这样可以避免引火烧身,但是你在老板眼中从此就是一个缩头缩脑的人,一个不能把问题妥善解决的人。

一场众人期待的话剧演砸了,剧院经理非常生气,他把剧组的工作人员找来以便弄清楚究竟哪些方面出现了问题。经理首先问导演:"说说你的看法。"

导演说了一大堆理由:编剧设计的台词过于拗口、服装师迟到十多分钟、灯光和美工没能按照要求工作、演员的表演还欠火候……

经理听了之后说:"那么作为该剧的导演,你的责任是什么呢?"

导演说:"出现这样的问题与我完全无关……"

没等他说完,经理又说:"那么从今以后这里再也没有你什么事了。"

像例子中那个话剧导演一样,现实工作中有很多这种互相推卸责任的情形,下面这个故事最能说明问题。

三只饥寒交迫的老鼠一起去偷油。它们决定采用叠罗汉的方式,轮流喝油。当其中一只老鼠爬到另外两只老鼠的肩膀上,"胜利"即将在望时,不知什么原因,油瓶突然倒了,巨大的响声惊醒了主人,它们只好抱头鼠窜,落荒而逃。

回到鼠洞后,它们聚在一起开了个内部会议,讨论这次集体偷油失败的潜在原因。

最上面的老鼠说:"因为下面的老鼠抖动了一下,所以,我不小心碰倒了油瓶。"

中间那只老鼠说:"我感觉到下面的老鼠抖动了一下,于是我也抖动了一下。"

而最下面的老鼠说:"我隐约听见有猫的叫声,所以抖动了一下。"

原来如此——谁都没有责任。

职场中经常会遇到类似的情境。

在某企业的季度会议上就可以听到类似的推诿。营销部经理说:"最近销售不理想,我们得负一定的责任。但主要原因在于对手推出的新产品比我们的产品先进。"

研发经理"认真"总结道:"最近推出新产品少是由于研发预算少。大家都知道杯水车薪的预算还被财务部门削减了。"

财务经理马上接着解释:"公司成本在上升,我们能节约就节约。"

这时,采购经理跳起来说:"采购成本上升了10%,是由于俄罗斯一个生产铬的矿山爆炸了,导致不锈钢价格急速攀升。"

于是,大家异口同声说:"原来如此!"言外之意便是:大家都没有责任。

最后,人力资源经理终于发言:"这样说来,我只好去考核俄罗斯的矿山了?"

这样的情景经常在各个企业上演着——当工作出现困难时,各部门不寻找自身的问题,而是指责相关部门没有配合好自己的工作。相互推诿、扯皮,责任能推就推,事情能躲就躲。最后,问题只有不了了之。

要想赢得老板的信任,成为一个不把问题留给老板的人,我们就必须改掉推脱责任的坏习惯。犯了错误有什么理由要解释时,你自己首先要反省,我的理由是不是客观事实,是不是真实可信?是不是只是想用来掩饰自己的错误?然后回头看看自己的行为,如果自己确实有错误的地方,就应该勇敢地承担责任,诚恳地承认错误,并且要改正自己的行为,积极地寻求补救的办法。

这种对自己的严格检查,可能刚开始时有些困难,但是你要相信,只有勇于承担责任的人,不把责任推给别人的人才有可能成就大事业。

还有一点值得注意,如果错误确实不是由于自己的过失造成的,那你也不要急于替自己辩解,而应着眼于整个公司的利益,等事情得到妥善的处理后,事情的真相自然会浮出水面。如果你确实被误会了，你的上司也自然会在事实中看到，还你一个清白。

不把问题留给老板的员工，要勇于承担起自己职责范围内的责任，积极地寻找并把握谋求公司利益的机会。也只有这种员工，才是老板心目中值得栽培的人才。

不要说你不知道

当事情办砸、情况变糟糕的时候，上司听到的最多的就是"我不知道"、"我不知道怎么会这样"、"我想尽了办法，但不知道怎样才能改善"、"都是他们出的主意，我不知道他们的初衷"……或许事情确实像你所说的那样，但态度却不可原谅。遇到问题时，你所应该做的是想办法解决，而不是两手一摊"我不知道"。

王路是一家大型公司的工程部经理。一次，他的上司安排他去处理一项难缠的事务——公司的一桩工程引发的公司与当地居民的纠纷。本来，这些事务并不在他的职责范围之内，但公司一时找不到合适的人选，总裁认为他能言善辩又极懂周旋，便让他暂时放下手中的工作，到外地与分公司的几位负责人共同协商，妥善处理这件对公司业务发展至关重要的事务。

到了当地之后，王路自恃是总部派下来的人，不屑与分公司的几位负责人积极协商、共同处理，而是我行我素、一意孤行，加之不了解当地的民俗民情，结果不但事情未能妥善处理，还与当地民众发生了尖锐的冲突。

当总裁责怪他把事情办砸时，他因怕影响到自己以后的升职和加薪，便把责任统统地推到分公司的几位负责人身上。当总裁对事情进行了一番详细的调查，了解事情的全部过程，知道后果如此之严重完全出于他的自作主张时，便把他责罚了一顿，并因此质疑他的人品和能力。

事隔不久，王路又因为公司工程上的一些业务需要与当初分公司的那几位负责人进行合作，人家都对他当初嫁祸于人的做法耿耿于怀，借机报复他。这样，致使业务受挫，他不得不引咎辞职，离开了这家极有发展潜力的公司。

自己把事情办砸了，诿过于同事，结果给自己带来了麻烦。王路由于诿过于同事，而被老板认为是缺乏责任心，最终他只有选择黯然离开。

在工作中，像王路这样的员工并不少见。在工作的过程中，他们假装不知道有责任和任务的存在，当事情中途出现了糟糕的局面后，便推说自己并不知道有关的任务或责任，以此来逃避，或者推卸自己应该承担的责任。

现在，在企业里，老板越来越需要那些敢作敢当，出现问题总是积极想办法解决，而不是把责任推给别人的人。

"我警告我们公司的人，"美国塞文事务机器公司前董事长保罗·查莱普说，"如果有谁说'我不知道，这不关我的事'，被我听到的话，我马上开除他。因为说这话的人显然对我们公司没有足够兴趣——如果你愿意站在那儿，眼睁睁地看着一个没有穿救生衣，只有两岁大的小孩单独在码头边上玩耍——好吧！可是我不会容许你这样做的，你必须跑过去保护那个两岁的小孩才行。"

"同样的，不论是不是你的责任，只要关系到公司的利益，你都应该毫不犹豫地加以维护。因为，如果一个员工想得到晋升，任何一件事都是他的责任。如果你想使老板相信你是个可造之才，最好最快的方法，莫过于积极寻找并抓牢促进公司发展的机会，哪怕不关你的事，你也要这么做。"

由此可见，老板心目中的员工，个个都应当是负责人。只有出现问题总是主动去承担，积极想办法去解决的员工才是老板心目中的优秀员工。

承认错误，问题就解决了一半

一位成功学专家曾经说过，错误是不可避免的。如果说成功是人生最理想的朋友，那么，错误则是人生永远抛不掉的伙伴，犯了错误并不可怕，可怕的是犯了错误试图掩饰或推卸责任。

在错误面前诡辩的人，就等于重犯一次错误，甚至比重犯错误更危险，因为错误已在他脑子里扎了根。

罗斯福总统在1912年的时候，曾在新泽西州的一个小镇集会上，向文化水平相对较低的当地人发表了一篇演讲。当他在这篇演讲中说到女子也应踊跃参加选举时，听众中忽然有人大声喊道："先生！这句话和你5年前的意见不是大相径庭了吗？"罗斯福不是回避或者掩饰，而是聪明地回答道："可不是吗？5年前，我确实另有一种主张的，现在我已深悟我那时的主张是不对的！"

他的这种坦白、忠实、诚恳、亲切的回答，不但使那位问话的人获得了满意的答复，就连其他听众也丝毫觉察不出他有什么不安的情绪。

罗斯福总统对待自己错误的态度，对于我们处理自己工作中的过失也有着很重要的启示。当我们的工作中出现问题和错误的时候，我们要勇敢地面对它们，主动地承担起自己的责任，只有这样，我们才能够在处理问题的过程中获得经验和成长。如果出现问题后一味地掩藏和推卸责任，只会让问题变得更严重。

通用电气前CEO杰克·韦尔奇还是工程师时，曾经历过一次极为恐怖的大爆炸：他负责的实验室发生了大爆炸，一大块天花板被炸下来，掉在地板上。为此，他找到了他的顶头上司理查德解释事故的原因。当时他紧张得失魂落魄，自信心就像那块被炸下来的天花板一样开始动摇。

理查德非常通情达理，他所关注的是韦尔奇从这次大爆炸中学到了什么东西，以及如何修补和继续这个项目。他对韦尔奇说："我们最好是现在就对这个问题进行彻底了解，而不是等到以后进行大规模生产的时候。"韦尔奇本来以为等待他的会是一次严厉的批评，而实际上理查德却表示完全理解，没有任何情绪化的表现。

列宁说过："认错是改正的一半。"那么另一半是什么呢？另一半就是采取一切可能的措施去弥补自己的过错，这不仅可以使你为错误付出的代价最小化，还可以让老板更进一步了解你的能力和价值。

班尼是一家商场新招聘的笔记本电脑销售员。尽管班尼对业务还不是很熟练，但他认真热情的工作态度，受到了大家一致好评。

一天，班尼在销售笔记本电脑时，一时大意，把一台价值两万元的笔记本电脑，以一万元的价格卖给了一位顾客。发现后班尼非常着急，不知该怎么办。有同事帮班尼出谋划策，告诉他，他完全可以向那位顾客追回一万元。如果不希望因为追款引起太多的事，他还可以自己筹齐一万元悄悄地入账，这样，就可以神不知鬼不觉地了结此事。可是班尼觉得都不妥，他决定到经理那里去承认错误。同事听后大吃一惊，"你疯了，班尼。那样你肯定会被辞退的！"班尼仍然坚持自己的决定。

在下班之前，班尼手拿一个信封来到经理的办公室。"对不起，经理，今天我犯了一个很严重的错误，让公司遭受一万元的损失。我为我的错误感到羞耻。这一万元是我这几年的存款，请您收下，希望能弥补一下公司的损失。如果您要因此开除我，我不会有任何怨言的。"

经理听后问班尼："你真的打算用自己的钱填补那一万元的亏空？"

"是的，经理。"班尼说，"虽然我可以按照顾客留下的联系方式，找到顾客让他付这笔钱。但为什么要去找他呢？是我把两种笔记本电脑价格弄错了，这完全是我的错，我对这个失误负有全部的责任。而且，这样做还会影响商场的声誉。"

班尼勇于认错，并敢于负责的举动深深感动了经理。经理没有像其他人所想的那样开除班尼，而是给了班尼更大的发展空间。

自己的过错要自己承担，这是每个人的责任和义务。千万不要惧怕伴随错误而来的负面影响，一味地隐藏错误或为自己的错误寻找开脱的借口，这样做，错误就会制约你前进的步伐，减慢你成功的速度，降低你的行为质量。事实上，很多时候，如果你能以积极的心态，勇敢地承认错误，那么你将永远不会为错误所累，你就会更快地获得成功。

从自己身上找原因

20世纪末,在美国得州瓦柯镇的一个异端宗教的大本营内,发生了邪教徒的父母被毒害案。同时,在这次事件中,也有10名正在查案的联邦调查局的探员遭到杀害。因为这次事件,美国司法部部长詹妮·李诺在众议院遭到许多议员们的愤怒指责,他们认为她应该为这起惨剧负责。

面对千夫所指,詹妮颤抖地说:"我从没有把他们的死亡合理化。各位议员,这件事带给我的震撼远比你们想象的要强烈得多。的确,那些父母和探员的死,我都难辞其咎。不过,最重要的是,各位议员,我不愿意加入互相指责的行列。"很明显,她愿意担起所有责任,詹妮接受谴责,并愿意一人独担责任,使众议员们为之折服,大众传媒也深受感动而对她大加赞扬。

而且,因为她一人担起所有的责任,没有推卸,使本来会给政府带来灾难性后果的指责声音减弱了。一些本来对政府打击邪教政策抱有怀疑态度的民众,也转变观念,开始支持政府的工作。

出现问题后从自己身上找原因,勇敢地说"是我的错",不仅表现出一个人敢于承担责任的勇气,也反映了一个人诚信的品质。工作中难免出现这样那样的问题,产生问题的原因有很多,虽然主要责任者可能是一人,但相关人员肯定也有一定的关系。如果流水线工人出现了差错,主要原因是他未按操作指导书操作。但次要原因有很多,如公司的培训是否到位、操作指导书的内容是否明确无误等。

但在讨论、分析错误产生的原因时，无论是由于你的直接过错引起的，还是由于你的间接过错引起的，你都应该勇敢地承认自己的错误。这样不仅有助于问题的解决，还可以化解由于问题而产生的矛盾，增强整个团队的凝聚力。

罗杰斯在担任一家公司的销售经理期间曾遇到过这样一个棘手的问题：公司的销售人员在获悉公司资金周转出现困难这一情况后，士气低落，导致销售量急速下降，而且情况日渐严重。最后，销售部门不得不召开全体销售员大会，全国各地的销售员均被召回参加这次会议。会议由罗杰斯主持。

首先，罗杰斯请以往销售业绩最好的几位销售员来阐述一下销售量下降的原因，这几位销售员一一站起来陈述。每个人所陈述的理由都相差无几，听上去也很合乎情理，诸如商业不景气，公司资金短缺，人们都希望等到总统大选揭晓后再买东西等等。一句话，若不是这些客观因素存在的话，销售量肯定会上去的。

当第五个销售员依旧以同样的理由来说明他无法完成销售配额是情理之中的事时，罗杰斯突然跳起来，挥动双手要求大家安静下来，然后他厉声地问道："你们现在推销的产品和一年前的情况完全相同：同样的区域，同样的对象，同样的商业条件，但是，你们的销售成绩却远不如一年前，这是谁的错？是你们还是顾客？"

那些销售员异口同声地大声回答道："当然是我们的错！"

"你们如此坦率地承认自己的错误，我很高兴！"罗杰斯继续说，"现在我要告诉大家，你们的错误在于：你们把销售业绩上不去通通地归结为客观原因，而不是从自己身上找原因。其实，你们是在为自己的失败找借口,把问题看成客观原因,你们就可以满足于现状,不思进取。诸位,你们已经不再像以往工作那般努力啊?!但是,只要你们回到自己的销售地区,并保证以后每个月的销售业绩都比上一年同期的业绩要好,那么公司就不会再发生什么资金周转困难了,你们愿意这样吗?"

大家都表示愿意这样做,后来果然都办到了。

那些他们曾强调影响销售的借口:商业不景气、资金短缺等问题仿佛一下子变得不存在了。学会从自己身上找原因,使原来很多难以解决的问题都变得迎刃而解了。如果问题出现后,公司里每个人都能够学会从自己身上找原因,团结一心改善局面,那么问题就不会再是问题了。

对结果负责

作为一名职业演说家,阿尔觉得自己成功的最重要一点是让顾客及时见到他本人和他的材料。

事实上,这件事情如此重要,以至于阿尔所在的咨询公司有一个人的专职工作就是让阿尔本人和他的材料及时到达顾客那里。

有一次,阿尔安排了一次去多伦多的演讲。飞机在芝加哥停下来之后,阿尔往公司办公室打电话以确定一切都已安排妥当。阿尔走到电话机旁,一种似曾经历的感觉浮现在他的脑海里:

8年前,同样是去多伦多参加一个由阿尔担任主讲人的会议,同样是在芝加哥,阿尔给办公室里那个管材料的安妮打电话,问她演讲的材料是否已经送到多伦多,安妮回答说:"别着急,我在6天前已经把东西送出去了。""他们收到了吗?"阿尔问。"我是让联邦快递送的,他们保证两天后到达。"安妮回答道。

从这段对话中可以感觉到,安妮觉得自己是负责任的。她获得了正确的信息(地址、日期、联系人、材料的数量和类型)。她也许还选择了适当的货柜,亲自包装了盒子以保护材料,并及早提交给联邦快递,为意外情况留下了时间。

但是,事后的情况证明,她没有负责到底,直到有确定的结果。最后材料还是出现了问题。

这已经是8年前的事情了。随着8年前的记忆重新浮现,阿尔的心里有些忐忑不安,担心这次再出意外,于是他拨通了助手凯特的电话说:"我的材料到了吗?"

"到了,艾丽西亚3天前就拿到了。"凯特回答说,"但我给她打电话时,她告诉我听众有可能会比原来预计的多400人。不过别着急,她把多出来的也准备好了。事实上,她对具体会多出多少也没有清楚的预计,因为允许有些人临时登记入场,这样我怕400份不够,保险起见寄了600份。还有,她问我你是否需要在演讲开始前让听众手上有资料。我告诉她你通常是这样的。但这次是一个新的演讲,所以我也不能确定。这样,她决定在演讲前提前发资料,除非你明确告诉她不这样做。我有她的电话,如果你还有别的要求,今天晚上可以找到她。"

凯特的一番话,让阿尔彻底放下心来。

凯特对结果负责,她知道结果是最关键的,在结果没出来之前,她是不会休息的——这是她的职责!

每一个老板都希望自己的员工能够像凯特那样在工作中对结果负

起责任，将问题圆满解决。对结果负责是一种可贵的职业精神，在职场中，对结果负责同时也意味着对自己的未来负责。

詹森是一位20多岁的美国小伙，几年前他在一家裁缝店学成出师之后来到加州的一个城市开了一家自己的裁缝店。由于他做活认真，并且价格又便宜，很快就声名远播，许多人慕名而来找他做衣服。有一天，风姿绰约的贝勒太太让詹森为她做一套晚礼服，等詹森做完的时候，发现袖子比贝勒太太要求的长了半寸。但贝勒太太就要来取这套晚礼服了，詹森已来不及修改衣服了。

贝勒太太来到詹森的店中，她穿上了晚礼服在镜子前照来照去，同时不住地称赞詹森的手艺，于是她按说好的价格付钱给詹森。没想到詹森竟然拒绝。贝勒太太非常纳闷，詹森解释说："太太，我不能收您的钱，因为我把晚礼服的袖子做长了半寸。为此我很抱歉。如果您能再给我一点时间，我非常愿意把它修改到您需要的尺寸。"

听了詹森的话后，贝勒太太一再表示她对晚礼服很满意，她不介意那半寸。但不管贝勒太太怎么说，詹森无论如何也不肯收她的钱，最后贝勒太太只好让步。

在去参加晚会的路上，贝勒太太对丈夫说："詹森以后一定会出名的，他一丝不苟的工作态度和对自己工作结果负责的态度让我震惊。"

贝勒太太的话一点也没错。后来，詹森果然成为一位世界闻名的服装设计大师。

美国总统肯尼迪在就职演说中说："不要问美国给了你们什么，要问你们为美国做了什么。"这句话曾激励了一代又一代美国青年积极主动地为自己的行为和行为的结果负责。正是这种负责精神使他们找到了突破困境走向成功的真正法门，使美国经济实现了腾飞。对结果负责是改变一切的精神力量。如果你的职业陷入困境，事业步入低谷，不要抱怨和心怀不满，要先问问自己为公司做了什么，只有这样才能积蓄起破除事业坚冰的力量。

不要为失职找借口

工作中不少人一旦碰到问题，不是全力以赴去面对，而是千方百计地找出种种理由和借口进行搪塞，逃脱责任。长此以往，因为有各种各样的借口可找，人就会疏于努力，不再想方设法争取成功，而把大量时间和精力放在如何寻找一个合适的借口上。

寻找借口的实质，就是把属于自己的过失掩饰掉，把应该自己承担的责任转嫁给社会或他人。一个人如果习惯于为自己的失职找借口，那么他就没有足够的精力和责任心去解决工作中的问题，这样做导致的最终结果还是将问题推给别人。

归纳起来，我们在公司中经常听到的借口主要有以下5种表现形式。

（1）他们作决定时根本就没有征求过我的意见，所以这个不应当是我的责任。

许多借口总是把"不"、"不是"、"没有"与"我"紧密联系在一起，其潜台词就是"这事与我无关"，不愿承担责任，把本应自己承担的责任推卸给别人。

一个团队中，是不应该有"我"与"别人"的区别的。一个没有责任感的员工，不可能获得同事的信任和支持，也不可能获得上司的信赖和尊重。如果人人都寻找借口，无形中会提高沟通成本，削弱团队协调作战的能力。

（2）这段时间我很忙，我尽快抽时间做。

找借口的一个直接后果就是容易让人养成拖延的坏习惯。如果细心观察，我们就会很容易发现在每个公司里都存在着这样的员工：他们每天看起来忙忙碌碌，似乎是尽职尽责了，但他们把本应一个小时完成的工作变得需要半天的时间甚至更多。因为工作对于他们而言，只是一个接一个的任务，他们寻找各种各样的借口拖延逃避。这样的员工会让管理者头痛不已。

（3）我们以前从没这样做，我是按照既定的方式做事。

寻找借口的人都是因循守旧的人，他们缺乏一种创新精神和自动自发工作的能力，因此，期许他们在工作中作出创造性的成绩是徒劳的。借口会让他们躺在以前的经验、规则和思维惯性里舒服地睡大觉。

（4）如果能够接受一次全面培训就会更好了。

这其实是为自己的能力或经验不足而造成的失误寻找借口，这样做显然是非常不明智的。借口只能让人逃避一时，却不可能让人如意一世。没有谁天生就能力非凡，正确的态度是正视现实，以一种积极的心态去努力学习、不断进取。

（5）我已经尽力了，这已经是我所能争取的最好结果。

避免或逃脱责罚是人类的一种强烈本能。多数人在"有利"与"不利"两种形势的抉择中都会选择趋吉避凶。通过各种"免罪"行为，人们可以暂时逃脱责罚，保持良好的自身形象。但如果你只愿意接受表扬而不愿承担责任，那么你永远也别指望改正错误的东西。

如果那些一天到晚总想着如何欺瞒的人，肯将一半的精力和创意用到正途上，他们一定可以在任何事情上取得卓越的成就。如果你善于寻找借口，那么试着将找借口的创造力用于寻找解决问题的方法，情形也许会大为不同。

对问题负责就是对自己负责，如果你总是习惯为自己的失职寻找借口，恐怕你的工作就会"失职"不断，最后你就会真的失去这份职业，到那时，损失最大的还是你自己。这里有一个寓言故事，里面的主角虽然是动物，却生动地映射了人类世界的情景。

有一只猫，总爱寻找借口来掩饰自己的过失。

老鼠逃掉了，它说："我看它太瘦，等以后养肥了再吃不迟。"

到河边捉鱼，被鲤鱼的尾巴打了一下，它说："我不是想捉它——捉它还不容易？我就是要利用它的尾巴来洗洗脸。"

后来，它掉进河里，同伴们打算救它，它说："你们以为我遇到危险了吗？不，我在游泳……"

话没说完，它就沉没了。

"走吧，"同伴们说，"它又在表演潜水了。"

这是一只可怜又可悲的猫。其实世界上有许多人也和它相似，他们自欺欺人，善于为自己的失职寻找借口，结果搬起石头砸了自己的脚，受伤害的最终是自己。

第三章
勇于承担,为老板排忧解难

当好马前卒，为老板排忧解难

　　一块大石头往往需要小石头的支撑才能够放稳，面对老板知识和管理上的不足，如果你能够挺身而出，用自己的行动和智慧为老板分忧解难，共同应对工作中的难题，老板对你的行动即使在嘴上不说，也会在实际行动中对你表示赞赏。

　　一位咨询公司的顾问谈起了他曾经服务过的一家公司，该公司总裁精力旺盛，而且对流行趋势的反应极其敏锐。他才华横溢，精明干练，但是管理风格却十分独裁。对部属总是颐指气使，从不给他们独当一面的机会，人人都只是奉命行事的小角色，连主管也不例外。

　　这种作风几乎使所有主管离心离德，很多员工一有机会便聚集在走廊上大发牢骚。乍听之下，不但言之成理而且用心良苦，仿佛全心全意为公司着想。只可惜他们光说不练，以上司的缺失作为自己工作不力的借口。

然而，有一位叫李为的主管却不愿意向环境低头。他并非不了解顶头上司的缺点，但他的回应不是批评，而是设法弥补这些缺失。上司颐指气使，他就加以缓冲，减轻属下的压力，又设法配合上司的长处，把努力的重点放在能够着力的范围内。

受差遣时，他总尽量多做一步，设身处地体会上司的需要与心意。如果奉命提供资料，他就附上资料分析，并根据分析结果提出建议。

有一次，总裁外出。在那天半夜里，保安紧急通知几位主管，公司前不久因违纪开除的三个员工纠集外面一帮"烂仔"打进厂里来了，已打伤了几个保安和员工，砸烂了写字楼玻璃门。其他几位主管因为对总裁心怀不满又不够负责任，就干脆装做不知道。而当李为接到通知后，立刻赶赴现场，他首先想到的就是报警，接着又请求治安员火速增援。为控制局面，他用喇叭喊话，同对方谈判，稳住对方，直到民警和治安队员赶来将这帮肇事者一网打尽。

这件事情过后，李为赢得了其他部门主管的敬佩与认可，总裁也对他极为倚重，公司里任何重大决策必经他的参与及认可。

人无完人，老板也是一样。除了在性格方面有所缺陷之外，在某些特定知识上老板也可能会有些不足，这时候员工就应当发挥所长用自己的特长弥补老板特定知识的不足。

当人们提及"无知"这个词的时候，往往给人一种贬义感觉。其实大可不必如此。人人都有无知的时候，既有自身的原因，也有外界的影响。

通常，老板都是有着某种技术特长或专业知识的，但是作为一个管理者——传统意义上的管理者，仅有专业知识是不够的。技术特长只能保证做好某一项工作,而管理工作则是千头万绪。还有一种情况,老板由一个部门调任到另一个工作性质截然不同的部门,他原有的知识结构可能会造成某种无知。通常,这些无知都不利于老板的工作。

一名出色的员工应当主动为老板分忧解难,主动用自己的知识弥补老板的不足。小林在这方面就为我们做出了一个很好的榜样。

小林在一家公司的公关部门工作,他的外事工作知识相当丰富。在公司的一次人事变动中,他迎来了一位新的领导。

这位领导在人事部门工作了三年,成绩斐然,看来是公司准备重用他,在此之前派往另一个部门锻炼一下。

小林发现他的领导在外事知识上有些欠缺,在接待外商时缺乏应有的知识,在走马上任的前几天中,便出了一些洋相。

有一次,公司需要接待一名前来访问的外商,领导为了表示足够的重视,决定亲自布置接待场面,小林发现老板不知道该放一些什么样的鲜花和装饰品,于是他便劝阻领导,说这点事老板不需要亲自操刀,由他代劳即可,领导终于同意了。结果,这次接待活动变得非常成功。

在事后的宴会中,小林与领导闲聊中,透露外国人都有什么禁忌和偏爱,夹杂一些笑话,结果在言谈笑语中领导便学到了不少知识。

除了用知识弥补老板工作上的不足以外,一名善于为老板排忧解难,不把问题留给老板的员工还应当主动发现工作中的问题,并采取有效的行动来解决它。

皮特在一家高校的研究所从事研发工作,在工作中皮特发现学校的学生签到系统面临着很大的压力。有很多班级拥挤不堪,而另一些班级却又太小,面临被注销的危险。

意识到导师罗格承受着改进学生签到系统的压力，皮特自告奋勇组织攻关，负责开发一个新的系统。罗格高兴地同意了他的意见，于是，这个攻关小组开发出一个完善的签到系统。对皮特组织开发成功的这套系统，罗格给予了高度赞扬。

之后的一次组织机构改组中，罗格升任为主任，随即，皮特被提升为副主任。

一名不把问题留给老板的员工应当像例子中的李为、小林、皮特那样，充分发挥自己的特长来弥补老板工作中的不足，做好马前卒，为老板分忧解难。

提建议，而不是提问题

任何人都不是万能的，都有自己的弱项和局限性，单凭一个人的力量不可能把企业带上一座座高峰。所有成功的企业老板都喜欢其他人能多给自己一些有益的建议，以弥补自身的不足，促进企业的发展。老板们都喜欢那些能够及时把建议而不是问题带给自己的员工。

1981年4月，杰克·韦尔奇接任美国通用电气公司总裁。这家公司规模庞大、产品分散，而且当时的市场并不景气。

韦尔奇刚一上任，他就想：怎样才能管理好这样一个大公司呢？如何做才能使公司的销售和利润有所增长呢，经过调查，他发现公司管理得太死板，职工没有足够的自主权，通过仔细的分析，他认定只有全体员工团结一致，才能使公司迅速发展起来。于是根据公司的这一情况他进行了全面的思考，并重新设定了公司发展目标。

首先对公司实行改革，实行"全员决策"制度。他让那些平时绝少有机会互相交流、按钟点上班的普通员工和中层管理人员以及工会领袖等都能被邀请出席决策讨论会，与会者彼此平等，各抒己见。

"全员决策"的施行，得到了全体员工的支持，增强了他们对公司经营的参与意识，潜藏在每个人身上的无限创意被充分发掘出来，大家纷纷献计献策，其中有90％以上的合理化建议都被韦尔奇采纳。涓涓细流，汇成江海。没用多久，原本不太景气的公司获得了巨大的发展，成为全美声名显赫的优秀企业。

和通用电气公司的"全员决策"制度一样，柯达的提案制度也是举世闻名，这两种制度的目的都是一样的，那就是它们的缔造者兼公司的领导人希望通过这项制度激发出企业全员的创造性，鼓励员工把建议而不是问题带给公司的决策层。

1880年，乔治·伊斯曼建立了柯达公司。刚开始的时候，公司只是一个拥有几十人的小公司，如何才能把公司做大，这是乔治一直思考着的问题。1889年的一天，乔治收到了一个普通工人写给他的建议书。这份建议书的内容不多，字迹看起来也不怎么工整，但却让他眼前一亮。

这个工人的建议书是这样写的："建议把生产部门的玻璃擦干净。"

对于这样的问题，很多管理者都不太可能放在眼里，甚至会认为工人小题大做。以前乔治就是这样的，他会认为擦玻璃完全是一件小得不能再小的事情。

但这次却不一样，他从这里面看到了其中的意义，看到了公司的发展。他会心地笑了，这正是员工职业精神的体现啊。如果每个人都能像这名员工一样把自己的建议而不是问题带给领导者，那么这对公司的发展将会是多大的一股推动力量啊。于是乔治·伊斯曼立即召开了表彰大会，亲自为这个工人颁发奖金。会后，乔治促成相关部门制定了员工议事制度，这项制度一直沿用至今。在过去100多年时间里，公司员工提出的建议接近200万个，其中被公司采纳的超过60万个，这些建议为公司节约了大量的资金，仅1983年和1984年两年，公司因为采纳合理的建议所节约的资金就高达1850万美元。

由此可见，每个人都可以成为促进公司发展的关键力量，如果你能够积极地为公司的发展提出合理化建议，为自己的上司分忧解难，而不是时刻带着满腹的问题去找他们解决，相信很快你就能成为老板眼中的关键员工。

不要忽视自己的力量。每个人都可以使公司有所变化。在IBM公司的理念中，人是最重要的因素，无论这个人是管理者、普通员工、顾客，还是竞争对手。IBM要求对所有的员工必须给予足够的尊重。IBM尊重每一个人的想法，在IBM，每个人都可以使公司有所改变，公司的每一个变化、每一个进步，都与个人密切相关。虽然这是一个十分简单的理念，但是却对所有的员工产生了巨大的影响。

不仅在IBM，世界上许多著名的公司都已经认识到员工发挥自身优势的重要性。

美国惠普公司创建于1939年，该公司不但以其卓越的业绩跨入全球知名的百家大公司行列，更以其对人的重视、尊重与信任的企业精神闻名于世。惠普的创建人比尔·休利特说："惠普的成功，靠的是'重视人'的宗旨。就是相信惠普员工都想把工作干好，有所创造。

只要给他们提供适当的环境，他们就能做得更好。"

在美国西南航空公司的宣传画册上印着这样醒目的文字："我们有全美国最出色的驾驶员。"的确是这样，西南航空为他们的驾驶员感到十分自豪。他们用自己的智慧，为公司节省了大量的成本。

西南航空一年内在汽油上的花销大概是3.5亿美元，管理者想尽办法，都无法使这个成本降低。但是西南航空公司的驾驶员们却在不影响服务质量的前提下，使这一成本缩减了10%。因为西南航空的每一位驾驶员都知道在机场内如何走近路，他们十分清楚走哪一条滑行跑道最节省时间，每一个飞行员在飞行时都能有意识地主动节省时间，而节省一分钟，就意味着节省8美元，如此算下来，这个数字是相当惊人的。

在苹果电脑公司，是一群富有激情的年轻人完成了麦金塔（McIntosh）操作系统的开发。

3M公司鼓励所有的员工提出新点子，可粘贴的小记事本就是一个普通员工的发明，现在它已经是办公室文员案头必备的办公用品。

阿姆斯壮建材公司，每周都会评出一个"本周最佳创意奖"，虽然奖金不多，但员工因此得到的被重视的感觉是无法用金钱来衡量的。

每个人都可以使公司有所变化，每个人都可以成为公司发展的巨大推动力。心理学家詹姆斯说："我们所知道的只是我们头脑和身体资源中极小的一部分。"人的潜能就如悬浮于海洋上的一座冰山，人们只看到了它露出水面的那隐隐约约的极小部分，而它的绝大部分都被海水淹没，被我们忽视。意识到这一点，我们就不要太在意自己的职责和能力上的限制，而是要积极地为老板和公司的发展献计献策，并主动地解决工作中所出现的问题。

事实上，那些刻意为了避免出错而保持沉默的员工，最令老板感到不满；凡事都点头称是，一切都处理得妥妥当当的人，在老板的心目中，最多是个"应声虫"。因为他们意识不到自己的责任和力量，他们常常是守着问题等待老板的指示，而不是积极地想办法去解决它。因此，如果你能够适时为公司提出一些合理的建议，你的地位在老板心目中自然就会水涨船高。如果你的老板处理事务的方式效率不高，而他本人并未觉察或不知如何改进的时候，如果你有好的主意就应该果断地提出来，但要采取让老板感到能够接受的方式。

提出合理化的建议，更重要的一点，就是让你的思维走在老板的前面。很多时候，你的效率也就是老板的效率。

当然，这是建在你对老板已有足够了解的基础上，根据公司的实际情况作出的预计。具体做到这一点，你应尽量学习了解公司的业务运作的经济原理，为什么公司的业务会这样运作？公司的业务模式是什么？如何才能赢利？……同时，你还应该关注整个市场动态，分析总结竞争对手的错误症结，不要让思维固守在现有的"层面"上。

独当一面，不把问题留给老板

老板给了你一个位置，就是希望你能为他排忧解难，在需要你的时候能够独当一面，将问题妥善解决。

所谓独当一面，即在老板的统一指挥、统筹安排下，按照老板的授权范围，能够独立地、恰当地处理各类业务问题。而不是事无巨细均向老板请示汇报。

事实上，一个企业的工作千头万绪，十分繁杂，特别是那些拥有一定规模的企业，老板一个人不可能，也不必要把每项工作的处置权都抓在自己手里。现代企业讲究分权治理，民主管理。只有那些落后的、愚昧的老板，才会采取集权的管理模式。

因此，那些开明的拥有现代意识的老板，总是敢于和善于选贤任能，并放手让他们独当一面，从而发挥群体优势，使企业生机勃勃、一往无前。而一些优秀的员工也总能够不辱使命，将老板交代的任务圆满完成。

现代化企业分工日益明显，这使得能够独当一面逐渐成为一种必备的职业素质。在现代企业中，老板只是在宏观上把握全局，而具体的每一部分工作都是员工分工负责。而这种工作的独立性使得你必须能够独当一面才行，这也是你在单位立足和升职的必备素质。如果你能在如财务、英语、计算机方面有一技之长，老板会觉得这方面离开你不行，这样才能认识到你的价值，你在老板心目中的地位才能巩固和加重；其次，一个人做员工可能只是一种"过渡"，在"过渡"期内积累工作经验和训练自己的各方面能力也很关键。一个员工将来要成功地走上老板的地位，也要有独当一面的能力。如果你没有这种能力，不仅不能让老板省心，反倒给老板带来了包袱，老板肯定不会喜欢你的。所以，在工作中有独当一面的能力，才能让老板器重你，让别人佩服你。

有着"世界经理人的经理人"之称的通用公司前总裁杰克·韦尔奇在掌管GE的漫长岁月里，许多人离开，许多人加入，也曾经有过大规模的裁员。哈克·摩尔在GE工作的时间比杰克·韦尔奇更长，他早来了三年，最开始他的职位是一位副经理的第三秘书，但在杰克·韦尔奇即将卸任的时候，他已经成为了杰克·韦尔奇最得力的助手和最知心的朋友。杰克·韦尔奇在自传中这样描述哈克·摩尔：

他在通用工作的时间比我还要长，直到现在还没有退休。在漫长的岁月中，他在二十多个岗位上工作过，并不是因为他不能胜任原来的工作而被调离，而是在某个职位出现空缺时，大家总是习惯性地想到他。他总是很快就能胜任新的工作，并且能够在新的工作中独当一面。他总是让人觉得他是一个执行力强，从不把问题留给别人的人。后来，我把他提升为我的助手，从他身上我看到了"适应性"的可怕，如果让哈克·摩尔坐我的位子，他不会比我逊色。他总是能通过自己出色的学习能力，在很短的时间内胜任新的工作。

哈克·摩尔是所有通用员工的榜样，同时，也是我们每个人的榜样。你在公司里也要像哈克·摩尔一样，无论在什么岗位上总能够独当一面，能够时刻为老板排忧解难，哪里需要你就往哪里去。这样你将会获得老板的信任、尊敬和器重！

抢在老板前面思考

作决策是老板的事，员工是否也要作决策呢？

一名善于为老板排忧解难的人在问题出现时应当抢在老板前面思考，帮老板了解情况，理清头绪，充当"智囊"，而不是将决策压力留给老板一人承担。

那么，员工如何在老板决策时替他分担忧愁呢？为此，员工必须对公司在一定时期面临的各种问题进行分析：

（1）结合公司在某一时期的生产经营活动状况，研究确定公司面临的各种问题；

（2）对各种问题进行分类排队，通过比较找出对公司生产经营影响最大的、最主要的问题；

（3）根据主要问题，研究制定对策。

这是确定决策问题的一般过程。由于公司的生产经营活动是连续不断地进行的，在这一过程中会不断出现新问题。因此，原先确定的决策问题随着时间及其他条件的变化有可能被其他新问题所取代，而降至次要矛盾地位，其他新问题上升为主要矛盾。充分认识到这一点，对员工帮助老板理清头绪来讲是非常重要的。

事实上，决策本身既是一件硬性工作，也是一件弹性工作。对于老板来说，不能固执行事，应该采取灵活的方法，控制好决策的过程，该先就先，该后就后，做点弹性处理也是公司老板的智慧所在。

但对于员工来说，你要想在决策上帮助老板，就一定要能对事情拿准主意，只有这样，你才能让老板深信你的决策比他的高明，他才会采纳。

所谓拿准主意，就是作出能给公司带来效益的决定，一名好的员工必须要发挥自己的智慧，及时拿准主意，对老板的决策起到很大的帮助作用，让公司"火"起来，否则就会错失良机，得不到重视。

另外，多掌握信息，多了解情况，当老板需要的时候，随时拿出来与老板交流，也是一个帮助老板思考决策的必要途径。因为信息是预测和决策的"原材料"，无论是问题的提出、分析、预测，还是方案的拟定、评价和选择，都是以有关信息为依据，预测和决策中的任何一个阶段都离不开信息。

下面,我们列出几种科学、实用的信息决策方法,以备你工作中使用。

(1) 去伪存真

就是把自己搜集到的各类信息,分一下大类,然后按大类分辨真假。将那些明显虚假的信息剔除出来,把认为是真实的或基本真实的信息留下来,然后再细分。

(2) 对比分析

在了解到各种行情后,往往会出现这种情况,就是大家都认为是有好处、效益又高的经营项目,反而难办或难以办成。为了把项目选择好,就得对信息和行情进行全面分析、综合对比。办法是把经营项目中关于好处、坏处、效益、风险的信息,都一条一条列举出来,然后逐条对比,分析各类信息的主次关系,最后得出结论。

(3) 投入试验

如果你认为某个项目不错,但在经过综合分析对比后,仍没有确切把握,未能把最真实、最有效的项目选出来,还无法下决心大干,怎么办?有一个办法,就是先作前期试验,进行小范围、小规模生产经营,根据结果再下决心。这样,既摸清了行情,又获取了经验,给大范围经营打下基础。

(4) 准确预测

俗话说:"做生意要有三只眼,看天看地看久远。"任何行情、信息,都不是静态的、固定不变的,而是经常随着客观情况的变化而波动。只有站高一点,看远一点,预先有所准备和打算,才不至于跟在别人后面跑。现在，不少公司是看别人干什么、听到啥时兴就去干啥。结果往往是产品时下很俏、很抢手，但等到它费钱、费工、费时干成了，市场行情也开始变化，原来的时兴变成了"背时"，俏货变成了"废品"，成为麻烦事情。怎样才能解决这个问题呢？最好的办法是提前估量形势，把可能发生的变化，预先加以测算，加以准备。

关键时刻挺身而出

作为一名老板，他肯定喜欢那些敢于挺身而出，承担重大责任和艰巨任务的人。油滑谄媚、善拍马屁的人或许会获得一时的宠信，但遇到实际问题老板决不会信赖和依靠他们。

公司的每个部门和每个岗位都有自己的职责，但总有一些突发事件无法明确地划分到哪个部门或个人，而这些事情往往还都是比较紧急或重要的。如果你是一名称职的员工，就应该从维护公司利益的角度出发，积极处理这些事情。

如果这是一项艰巨的任务，你就更应该主动去承担。不论事情成败与否，这种迎难而上的精神也会让大家对你产生认同。另外，承担艰巨的任务是锻炼自己能力难得的机会，长此以往，你的能力和经验会迅速提升。在完成这些艰巨任务的过程中，你有时会感到很痛苦，但痛苦却会让你变得更成熟。

你还记得抗洪中感人的情景吗？当堤坝上出现缺口的时候，谁在附近谁就用身体堵了上去，因为那是到了关键时刻，刻不容缓。同样，公司在经营和管理的过程中也会遇到意外的事件，给公司和老板带来棘手的问题，有些迫在眉睫，必须马上解决，这时候你就要在知道自身能力的情况下，挺身而出，帮老板解决所遇到的问题或困境。

不要在心里说：反正不是我的事，再说还有别人，我干吗出头，做吃力不讨好的事。不要以为自己现在还处于公司最底层就人卑言轻，就不敢去做，犹豫徘徊。如果在你思前虑后的时候有人冲了上去，别人当了英雄，那么你只有独自后悔和嫉妒。

某商场要开设自己的千兆网站，建立千兆网，需要克服大量技术上的困难，而具体到网站的设置，又牵涉到大量商业问题。

老板发了愁，到哪里找既懂计算机，又懂销售的人来负责呢？问了好几个人，但他们深知责任重大，自己又有许多不懂的业务，都推辞了。

商场的这项计划一直拖延下来。保罗是计算机专业毕业的，在商场里从事计算机联网的工作，对商业销售也不懂。他看到老板一筹莫展的样子，便自告奋勇说："我试试吧。"

老板抱着试试看的心理同意了。保罗接手之后，一边积极学习商业销售知识，向专门人员请教，一边着手解决技术问题。

项目推进得虽然不快，可是却在稳步前进。老板对他的信任也在增加，不断放手给他更大的权力和更多的帮助。最后，保罗完成了任务，也升为了该网站的主管。

那些不把问题留给老板的员工总能够在老板最需要的关键时刻挺身而出，老板也会把一些重要的工作留给他们去做。

当然，要成为老板眼中的"关键员工"，过硬的专业技术是必不可少的。

曼斯是德国一家工厂的普通技术人员，有一次工厂的电机突然坏掉了，全厂停电，一大帮技术人员围着电机团团转，就是找不出毛病，他们使尽了浑身解数仍未能解决问题。正当工厂老板打算另请高明时，曼斯毛遂自荐。

曼斯是一个个子矮小，满脸胡子，穿着沾满油渍工作服的员工，他对老板说："我可不可以试试？"

许多人都瞧不起他。老板也带着一种怀疑的口吻问道："你几天能修好？"

曼斯想了想，说："三天时间吧。"问他用什么工具，他说只用一把小铁锤、一支粉笔就行了。

白天，他围着电机转悠，这儿看看，那儿敲敲，晚上，他就睡在电机房。到了第三天，人们见他还不拆电机，不禁怀疑起来，他的同事让他别打肿脸充胖子了。

一位跟他最要好的朋友对他说："修不了就赶快撒手吧！"

可是他笑着说："别急，今晚就可见分晓。"

当天晚上，曼斯让人们搬来梯子，他爬到电机顶上，用粉笔在一处地方画了一个圈，说："此处烧坏线圈18圈。"

技术人员半信半疑地拆开一看，果然如此，电机很快就修好了，并恢复了正常运行。

那位和曼斯要好的朋友问他为什么会如此神奇，曼斯认真地答道：除了认真掌握专业知识以外，没有别的好办法。

老板觉得这是一个难得的人才，如果把他调到技术部一定会发挥他的才能。于是决定给他1万元的奖金，并从原岗位升任技术部顾问。

可见，要在关键时刻为老板分忧解难，就要具备过硬的专业技术。知道如何做好一件事，比对很多事情都懂一点皮毛要强得多。卡特总统在得克萨斯州一所学校作演讲时对学生们说："比其他事情更重要的是，你们需要知道怎样专注于一件事情并将这件事情做好——与其他有能力做这件事的人相比，如果你能做得更好，那么你就永远不会失业！"

对一个领域百分之百精通，要比对100个领域各精通百分之一强得多。因此拥有一种专业的技能，要比那种样样不精的多面手容易成功。一个成功者，他无时无刻不在这方面力求进步，专注于自己的职业，随时都注意自己的缺陷，并设法弥补，他只想把事情做得尽善尽美。反之，如果一个人什么都想做，要顾到这个，又要想到那个，事事只求"将就一点"，结果当然是一事无成。

一个成功的经营者说："如果你能专注地制作好一枚针，应该比你制造出粗陋的蒸汽机赚到的钱更多。"许多人都曾为一个问题而困惑不解："明明自己比他人更有能力，但是成就却远远落后于他人？"

不要疑惑，不要抱怨，而应该先问问自己一些问题：

"自己是否专注于自己的工作？"

"自己是否真的走在前进的道路上？"

"自己是否像画家仔细研究画布一样，仔细研究职业领域的各个细节问题？"

"为了增加自己的知识面，或者为了给你的老板创造更多的价值，你认真阅读过专业方面的书籍吗？"

如果答案是肯定的，说明你正在努力提高自己的专业素质，如果答案是否定的，你就要努力提高自己的专业技能，力求做到精通，这样，在关键时刻你就能够发挥所长，为老板分忧解难。

帮助老板"开源节流"

"利润至上"是每个公司的原始推动力，至今仍然是，虽然这让许多人产生了误解，可这却是公司生存、发展乃至服务社会的根本。因此，老板们都希望员工头脑中有一个简单却至关重要的概念，那就是赚钱不仅是老板的事，而是公司中每个人都要关心的问题。一个不把问题留给老板的员工应当把为公司赚钱看成自己的职责，在工作中为公司开源节流。这样的员工是公司发展的动力而不会是包袱。

每一位员工都要在工作中和生活中培养节约精神，养成为公司节约每一分钱的习惯。实际上，节约的同时，也是在帮公司赚钱。

19世纪石油巨头众多，最后却只有洛克菲勒独领风骚，其成功绝非偶然。有关专家在分析他的致富之道时发现，精打细算是他取得成就的主要原因。

洛克菲勒进入社会后的第一个工作，就是在一家小公司当簿记员，这为他以后的数字生涯打下了良好的基础。由于他勤恳、认真、严谨，不仅把本职工作做得井井有条，还有几次在送交商行的单据上查出了错误之处，为公司节省了数笔可观的支出，因此深得老板的赏识。

后来，洛克菲勒拥有了自己的公司，他更加注重成本的节约，提炼每加仑原油的成本也要计算到小数点后的第三位。他每天早晨一上班，就要求公司各部门将一份有关净值的报表送上来。

经过多年的商业洗礼，洛克菲勒能够准确地查阅每一笔报上来的成本开支、销售以及损益等各项数字，并能从中发现问题，并以此来考核每个部门的工作。

例如，有一次他曾质问一个炼油厂的经理："为什么你们提炼一加仑原油要花1分8厘2毫，而东部的一个炼油厂干同样的工作却只要9厘1毫？"他甚至连价值极微的油桶塞子也不放过，他曾写过这样的回信："……上个月你汇报手头有1119个塞子，本月初送去你厂10000个，本月你厂使用9527个，而现在报告剩余912个，那么其他的680个塞子哪里去了呢？"

洛克菲勒这种精打细算的节约精神成就了他石油帝国的辉煌。如今，这种节约精神依然为很多企业家和管理人员所推崇。然而在现实生活中，我们一些员工没有成本意识，他们对于公司财物的损坏、浪费熟视无睹，让公司白白蒙受损失，自然也使公司的开支增大，成本提高。

如今一些大公司提倡这样的节约精神：节约每一分钱，每一分钟，每一张纸，每一度电，每一滴水，每一滴油，每一块煤，每一克料……

在一家业绩卓著的金融机构，有一天老板让秘书公告全公司，所有的纸都要两面用完才能扔掉。表面看来老板极其吝啬，一张纸上都要做文章，其实他解释道："让文员和秘书知道这样做可以使公司减少支出，相对地利润增加，极其重要。"有了替公司赚钱的责任感，自然会付诸行动。

任何一家公司，不论是跨国集团还是民营企业，都必须依仗开源节流，以此来达到赢利的目的。而一个不把问题留给老板的员工也应当在这方面负起自己的责任来。

在崇尚利润的今天，每一个员工都要有一种为公司赚钱的责任感，并具有为公司赚钱的意识，而不要把赚钱看做只是老板的事。这就需要员工追逐公司的目标，采取积极的行动，去争取更多的客户，生产更多的产品，为公司赚更多的钱。

汤姆是一家纺织公司的销售代表，对自己的销售纪录引以为豪。曾有几次，他向他的老板解释说，他是如何地卖力工作，劝说一位服装制造商向公司订货，可是，他的老板只是点点头，淡淡地表示赞同。

最后，汤姆鼓起勇气，"我们的业务是销售纺织品，不是吗？"他问道，"难道你不喜欢我的客户？"

他的老板直视着他说，答道："汤姆，你把精力放在一个小小的制造商身上，可他耗费了我们太大的精力，请把注意力盯在一次可订3000码货物的大客户身上！"

汤姆明白了老板的意图，老板要的是为公司赚大钱。于是他把手中较小的客户交给一位经纪人，自己努力去找主要客户——为公司带来巨大利润的客户。他做到了，为公司赚回了比原来多几十倍的利润。

需要明白的是，如果没有企业的快速增长和高额利润，我们也不可能获取丰厚的薪水。只有公司赚了钱，我们才有可能赚回更多的工资。

作为一个员工，为公司赚钱是一种义不容辞的责任。不要把赚钱看做只是老板的事，如果你想在竞争激烈的职场中有所发展，成为老板器重的人物，就必须牢记，为公司赚钱才是硬道理。

把公司的事当成自己的事

作为公司的一员，拿着公司的薪水，就应当把公司的事情当成自己的事，把自己的身心彻底融入公司，尽职尽责，处处为公司着想，出现问题时挺身而出，将问题妥善解决，而不是将问题留给别人来解决。

李冰是一家大型滑雪娱乐公司的普通修理工。这家滑雪娱乐公司是全国首家引进人工造雪机在坡地上造雪的大型公司。

一天深夜，李冰按例出去巡视，突然看见有一台造雪机喷出的不是雪而是水。凭着工作经验，李冰知道这种现象是由于造雪机的水量控制开关和水泵水压开关不协调而导致的。他急忙跑到水泵坑边，用手电筒一照，发现坑里的水已经快漫到了动力电源的开关，若不赶快采取措施，将会发生动力电缆短路的问题。这种情况一旦发生，将会给公司带来巨大损失，甚至可能伤及到许多人的性命。一想到这，李冰不顾个人安危，毅然跳入水泵坑中，控制住了水泵阀门，防止了水的蔓延。随后他又绞尽脑汁，把坑里的水排尽，重新启动造雪机开始造雪。当同事们闻讯赶过来帮忙时，李冰已经把问题处理妥当。但由于长时间在冷水中工作，他已经冻得走不动路了。闻讯赶来的老总派人连夜把李冰送入医院，才使他转危为安。

李冰在造雪机出现问题的危急关头挺身而出，用自己的实际行动阻止了问题的蔓延，这种不把问题留给别人的行为是一个人敬业精神的最佳写照。一个像李冰那样将企业利益放在首位，把公司的事当成自己的事的人是不会把工作中的问题推给别人的。像这样的人，即使能力相对较弱，也能获得提拔，得到重用，实现自己的人生价值。下面这个故事就是最好的例证。

一次，一家公司的营销部经理率领他的团队去参加某国际产品展示会。

在开展之前，有许多事情需要加班加点地做，诸如展位设计和布置、产品组装、资料整理和分装等。可营销部经理率领的团队中的大多数人，却和往常在公司时一样，不肯多干一分钟，一到下班时间，就跑回宾馆去了，或者逛大街去了。经理要求他们干活，他们竟然说："又不给加班工资，干什么活啊。"更有甚者还说："你也是打工仔，只不过职位比我们高一点而已，何必那么拼命呢？"

在开展的前一天晚上，公司老板亲自来到会场，检查会场的进展情况。

到达会场，已经是凌晨一点，让老板感动的是，营销部经理和一个叫周健的维修工正趴在地上，认真地擦着装修时粘在地板上的涂料，两个人都浑身是汗。更让老板惊讶的是，没有看见其他的人。见到老板，营销部经理站起来对老板说："我失职了，没有能够让所有的人都留下来工作。"老板拍拍他的肩膀，没有责备他，而指着周健问："他是在你的要求下才留下来工作的吗？"

经理简单地把情况介绍了一遍。这个工人是主动留下来工作的，在他留下来时，其他工人都嘲笑他是傻瓜："你卖什么力啊，老板不在这里，你累死老板也不会看到的啊！还不如回宾馆好好地睡上一觉！"

老板听完叙述，没有作出任何表示，只是招呼他的秘书和其他几名随行人员一同参加工作。

展览结束后回到公司，老板辞退了那天晚上没有参加劳动的所有工人和工作人员，同时，将与营销部经理一同工作的周健提拔为安装分厂的厂长。

那些被开除的人都满腹牢骚地来找人事部经理理论："我们只不过多睡了几个小时的觉，凭什么就辞退我们呢？而周健不过是多干了几个小时的活，凭什么当厂长？"

人事部经理对他们说的是："用前途去换取几个小时的觉，这是你们自己的行为，没有人会强迫你们那么做，怨不了谁。而且，我还可以根据这件事情推断，你们在日常的工作里偷了很多懒，这是对公司极端的不负责任。周健虽然只是多干几个小时的活，但据我们调查，他一直都是一个一心为公司着想的人，在平日里默默地奉献了许多，比你们多干了许多活，应该得到提拔。"

把公司的事当成自己的事是一种最基本的职业要求，它要求每一个员工对自己工作中出现的问题不回避，不推诿，自觉主动地解决它。然而在现实工作中却很少有人能够做到这一点，正是因为难得，这种精神在当今职场中显得弥足珍贵。

第四章
不要只做老板告诉你的事

企业的终极期望

著名企业家奥·丹尼尔在他那篇著名的《企业对员工的终极期望》一文中这样说道:"亲爱的员工,我们之所以聘用你,是因为你能满足我们一些紧迫的需求。如果没有你也能顺利满足要求,我们就不必费这个劲了。我们深信需要一个拥有你那样的技能和经验的人,并且认为你正是帮助我们实现目标的最佳人选。于是,我们给了你这个职位,而你欣然接受了。谢谢!"

"在你任职期间,你会被要求做许多事情:一般性的职责,特别的任务,团队和个人项目。你会有很多机会超越他人,显示你的优秀,并向我们证明当初聘用你的决定是多么明智。"

"然而,有一项最重要的职责,或许你的上司永远都会对你秘而不宣,但你自己要始终牢牢地记在心里。那就是企业对你的终极期望——永远做非常需要做的事,而不必等待别人要求你去做。"

这个被丹尼尔称为终极期望的理念蕴涵着这样一个重要的前提：企业中每个人都很重要。作为企业的一分子，你绝对不需要任何人的许可，就可以把工作做得漂亮出色。无论你在哪里工作，无论你的老板是谁，管理阶层都期望你始终运用个人的最佳判断和努力，为了公司的成功而把需要做的事情做好。

尽管这听起来有点奇怪，但事实是，每一个老板要找的人基本上是同一种类型，即那些能够不等老板吩咐就可以主动出色地完成任务的人。当然，不同的老板的需求因人而异，正如他们所招聘的员工的技能各不相同，但是从根本上说，他们要找的是同一种人。那些能沉浸在工作状态中、独立自主地把事情做好的员工——无论他们的背景、训练或技能如何——将会成为老板需要的人。

詹森在洛克菲勒石油公司从事仓库管理工作，刚开始，他对手头上的工作兴趣不大，但他不断告诫自己，务必培养这方面的兴趣，不管以后怎么样，至少不要让自己在工作中感到无聊、烦闷，要以一种愉快的心情在工作中等待更好的机会。但是，洛克菲勒石油公司在美国是有名的大公司，员工有好几万，要想出人头地，是有相当难度的。

可是，詹森并不为现在的这份工作而无精打采，而是抓住一切机会，想尽办法把工作做得更完美。詹森认为，要想在这个岗位上突出自己，就要让上司明白自己每天都在干些什么，要做公司和老板需要的事情，否则就不可能有机会被赏识、被重用。

有了这个想法之后，詹森给自己制订了几个工作要点：

第一，每天都列表呈报物料的变动情况，并用红线标示接近储存量最低点的产品，提醒上司注意；

第二，单独列表呈报低于规定储存量的产品，以表示存货不足；

第三，存货过多的产品，也单独呈报，让上司检讨、反思；

第四，标示出几个月或长期没有进出口的滞销产品。

这样，通过詹森的一番精心设计，原来静态的仓库管理工作变得动态起来，而且也引起了上司的注意。

尽管仓库管理员这个岗位没有什么东西值得表现，但几年来，詹森一直都在竭尽全力表现自己，以给上司留下好印象。最终，詹森以他认真负责的工作态度赢得了上司的赏识和嘉奖，成为了公司的骨干。

由此可见，一名不把问题留给老板的员工应当清楚老板和企业对于员工的终极期望是什么，他要非常明确地知道自己在做什么，并且知道这么做会给别人带来什么，会给自己带来什么，他们对自己的责任有明确的认识，无论在什么时代，他们都是老板心中最期待的员工。

和詹森一样，在新加坡一家五星级酒店里供职的维嘉小姐也是一个能够主动去做公司需要之事的优秀员工。

有一天下午两点钟，酒店咖啡厅里来了4位客人，他们拿着资料，非常认真地讨论着问题。但从两点半开始，咖啡厅里的客人越来越多，声音越来越嘈杂。这时，在酒店当班的维嘉小姐碰巧走过那4位客人身边，听见其中一位客人在大声说："什么？再说一遍，太吵了，我听不清楚！"按理说，这事与服务小姐毫无关系，而且客人自愿选择在人多嘈杂的咖啡厅谈论事情，酒店也没有什么责任。但是，维嘉小姐想到了在酒店工作就要尽职尽责，关心每一位顾客，是每一名员工都应当去做的事情。于是，她拿起电话找到客户部经理，询问有没有空房间，以便暂时借给这4位客人用一下，客户部立即免费提供了一间客房。

两天后，酒店总经理收到4位客人写的一封感谢信：

"感谢贵酒店前天提供的服务！我们简直是受宠若惊了，我们体会到了什么是世界上最好的服务。拥有如此优秀的员工，是贵酒店的骄傲。我们4个人是贵酒店的常客，从此，除我们永远成为你们最忠实的顾客之外，我们所属公司以及海外的来宾，亦将永远为你们广为宣传。"

詹森、维嘉小姐的出色表现告诉了我们员工应当怎样做才能够不把问题留给老板。如果公司的员工只做老板吩咐的事，老板没交代就敷衍，不能独立、主动地开展自己的工作，主动去做公司需要的事，那么这样的公司是不可能长久的，这样的员工也不可能有大的发展。对于许多领域的市场来说，激烈的竞争环境、越来越多的变数、紧张的商业节奏都要求员工不能事事等待老板的吩咐。那些只依靠员工把老板交代的事做好的公司，就好像站在危险的流沙上，早晚会被淘汰。

如果拿你所在的公司和众多的竞争者比较一下，你就会发现，从产品到服务，从技术水平至销售渠道和营销战略，各个公司之间无不大同小异。

那么，在众多的经营要素中，是什么决定了一家公司蒸蒸日上而另一家公司步履维艰呢？是员工——在工作中有主见，勇于承担责任，主动去做需要的事，不把问题留给老板的员工。

如今，上级和下属之间壁垒森严、泾渭分明的关系模式早已过时。今天的工作关系是一种伙伴关系，是置身于其中的每一分子都应积极参与的关系。在工作或者商业的本质内容发生迅速变化的今天，坐等老板指令的人将越来越不受欢迎，他们必须积极主动，主动去做需要的事。

员工比任何人都清楚如何改进自己的工作，再也没有人比他们更了解自身工作中的问题，以及顾客对服务的需求。他们所拥有的第一手资料和切身体验是大多数高层管理人员欠缺的，后者离问题太远，只能从报告中推断出大致的情况。只有各个层级的员工保持热忱，随时思考自己如何把工作做得更好，主动去做公司需要的事，公司才能对顾客的需求做出更好、更及时的回应。

老板不在自动自发去工作

一位不把问题留给老板的员工的表现应该是这样的：无论老板在不在，他都会一如既往地努力工作。因为他知道，工作并不是做给老板看的，尽管许多人一直这样认为，并且趁老板不在的时候不知不觉松懈下来。

职场中有些人只在被人从后面催促时，才会去做他应该做的事，这种人大半辈子都在辛苦工作，却又抱怨运气不佳。

而养成主动工作、积极进取这种习惯的员工，命运是完全不同的，他们很容易在职场中找到自己的位置，并获得成功。

美国钢铁大王卡内基曾经说过："有两种人永远都会一事无成，一种是除非别人要他去做，否则绝不主动做事的人；另一种则是即使别人要他做，也做不好事情的人。那些不需要别人催促，就会主动去做应做的事，而且不会半途而废的人必将成功，这种人懂得要求自己多付出一点点，而且比别人预期的还要多。"

在现代社会，虽然服从与执行能力相当重要，但个人的主动进取精神更受到老板欣赏。许多公司都努力把自己的员工培养成能够自动自发工作的人。所谓自动自发，就是没有人要求你、强迫你，你却能自觉而且出色地做好需要做的事情。

一般来说，老板不会明确要求员工主动工作，但你应该牢牢记住企业对你的"终极期望"——老板是聘你来为公司的最大利益而工作的，因此，无论老板在不在，你都应当提醒自己主动工作，自动自发地做好每一件事情。

李洁在一家大型建筑公司任设计师，常常要跑工场，看现场，还要为不同的老板修改工程细节，异常辛苦，但她仍主动地去做，毫无怨言。虽然她是设计部唯一一名女性，但她从不因此逃避强体力的工作。该爬25层楼梯就爬它个25层，该到野外就勇往直前，该去地下车库也是二话不说。她从不感到委屈，反而挺自豪。

有一次，老板安排她为一名客户做一个可行性的设计方案，时间只有三天。这是一件原本难以做好的事情。接到任务后，李洁看完现场，就开始工作了。三天时间里，她都在一种异常兴奋的状态下度过。她食不甘味，寝不安枕，满脑子都想着如何把这个方案弄好。她到处查资料，虚心向别人请教。

三天后，她带着布满血丝的眼睛把设计方案交给了老板，得到了老板的肯定。因做事积极主动、工作认真，现在李洁已经成为公司的红人。老板不但提升了她，还将她的薪水翻了三倍。

后来，老板告诉她："我知道给你的时间很紧，但我们必须尽快把设计方案做出来。如果当初你不主动去完成这个工作，我可能会把你辞掉。你表现得非常出色，我最欣赏你这种工作认真、积极主动的人！"

作为一名公司员工，老板不在的时候，也是容易放松自己的时候。可是，勤奋工作应该是发自内心的，你的任何业绩都是自己努力的结果，你不能仅仅是做出样子来给老板看，老板要的是实际业绩和工作效果。

如果只有在别人注意下才有好表现，那不是真正的自动自发，充其量是自欺。如果我们对自己的要求比老板对我们的要求更高，那么这样的人永远不会被老板解雇，也永远不用担心报酬。

任何一个企业都迫切地需要那些能够自动自发做事的员工。具有自动自发精神的员工往往不是等待别人安排工作，而是主动去了解自己应该做什么，做好计划，然后全力以赴地去完成。而不是把问题留到上司检查的时候再去做。

只有积极主动，才会让老板惊喜地发现我们实际做的，比我们原来承诺的更多，我们才有机会获得加薪和升迁。

其实，自动自发并不是仅仅有利于我们所在的公司和老板，真正最大的受益者是你自己。公司也会为拥有如此关注公司发展的员工感到骄傲，也只有这样的员工才能够得到公司的信任。成功的机会总是留给那些能够主动去做事的人，如果你只是尽本分，或者唯唯诺诺，对公司的发展前景漠不关心，你就无法获得额外的报酬，你只能得到属于你应得的那一部分工资。

多做一些分外的事

你是否会像下列员工一样：

"啊，终于下班了！"甚至在下班前的半个小时，就已经收拾好案头，只等铃声一响，就像出巢的燕子？

"老板，我的专职工作是搞设计的，您让我多干些别的，那可是分外的事啊！要么给我奖金，要么我不干！"

"加班，加班，怎么老有干不完的活儿，真是烦死了！"

"算了，不是我的事，我才不管呢！"

"千万别多揽事，工作，多一事不如少一事，干得多，错得多，何苦呢？"

如果你真的有这样的情形，那么，这可是一件非常糟糕的事情啊！对于一名不把问题留给老板的员工来说，是不会有这样的想法和举动的。

社会在发展，公司在成长，个人的职责范围也随之扩大。不要总是以"这不是我分内的工作"为由来逃避责任。当额外的工作分配到你头上时，不妨视之为一种机遇。

提前上班，别以为没人注意到，老板可是睁大眼睛在瞧着呢！如果能提早一点到公司，就说明你十分重视这份工作。每天提前一点到达，可以对一天的工作作个规划，当别人还在考虑当天该做什么时，你已经走在别人前面了！

如果不是你的工作，而你做了，这就是机会。有人曾经研究为什么当机会来临时我们无法确认，因为机会总是乔装成"问题"的样子。当顾客、同事或者老板交给你某个难题，也许正为你创造了一个珍贵的机会。对于一个优秀的员工而言，公司的组织结构如何，谁该为此问题负责，谁应该具体完成这一任务，都不是最重要的，在他心目中唯一的想法就是如何将问题解决。

美国一位年轻的铁路邮递员，并没有和其他邮递员一样用陈旧的方法分发信件。大部分的信件都是凭这些邮递员不太准确的记忆拣选后发送的。因此，许多信件往往会因为记忆出现差错而无谓地耽误几天甚至几个星期。这位年轻的邮递员并没有像其他邮递员那样对问题视而不见，而是积极地寻找解决问题的办法。经过长期的观察和思考，他发明了一种把寄往某一地点去的信件统一汇集起来的制度。就是这一件看起来很简单的事，成了他一生中意义最为深远的事情。他的图表和计划吸引了上司们的广泛注意。很快，他获得了升迁的机会。5年以后，他成了铁路邮政总局的副局长，不久又被升为局长，从此踏上了美国电话电报公司总经理的路途。他的名字叫西奥多·韦尔。

做出一些人们意料之外的成绩来，多解决一些工作中的实际问题，不管它们是自己分内还是分外的事——这就是韦尔获得成功的原因。

每一个员工要想纵横职场，取得成功，都应当像韦尔一样，除了尽心尽力做好本职工作以外，还要多做一些分外的工作。这样，可以让你时刻保持斗志，在工作中不断地锻炼自己，充实自己。当然，分外的工作，也会让你拥有更精彩的表演舞台，让你把自己的才华适时地表现出来，引起老板的关注。

杰克是一家超级市场新近才招聘来的最基层员工，他只是一个不起眼的包装工，看不出他的工作有什么远景。如果要解雇什么人的话，他大概就是第一个被考虑的对象了。但是，意料不到的是，杰克很快成了老板眼中有价值的员工。

首先，他告诉载货部门的头儿："我没事的时候可以来这里帮忙，多了解一下你们部门工作的情形。"然后，他就花些时间在那里帮忙做些分外工作。之后，他跟畜产部门经理说："我希望有空时来这里向你学习，了解你们包肉和保存的过程。"之后，他又分别到烘焙、安全、管理、清洁甚至信用部门帮忙。

3个月过去了，杰克几乎在公司所有部门都游走过了，一旦某部门有人要请假，自然而然地想到请杰克去顶替。

几个月以后，恰逢经济不景气，老板只好请一些人走人。有些人认为杰克这类人肯定要被裁掉，可是杰克却被老板留了下来。一年以后，超市生意好转，有个经理的职位空缺，老板又毫不犹豫地想到了杰克。

当你在公司接受一项自己并不喜欢的工作或代替某人的职务时，不要有丝毫的抱怨，主动去做，乐意去做，多做一些，多学一些，就可以对公司整体运作的情况多一分了解。这样一来，你可能也会像杰克一样变成公司最有价值的员工了。

假如有别的同事，把一些本来不应归你负责的工作交给你，或者你的上司在你已经忙得不可开交之时又吩咐你做一件额外的工作时，你是选择接受，还是选择逃避？

这个时候，你不妨尽自己所能把它做好，原因有三：

（1）反正你在办公时间总是要做事的，不论是谁的工作都是公司的事,只要不影响自己的工作,就不应该区分彼此而一律照做。

(2)不妨把这次工作当做一次锻炼和学习的机会,多学一种工作技能,多熟悉一种业务,对自己总是有好处的。

(3)这也是展现自己才能和促进同事之间关系的大好机会,如果你能够任劳任怨地尽心完成,一定会得到同事或上司的好感。

总之,做一些分外的工作,多解决一些工作中的实际问题,使你所做的事比你所获得的报酬更多,那么你不仅表现出乐于接受工作磨炼的品质,也因此展示了一种不寻常的技巧与活力,它会使你能尽快地从工作中成长起来,获得担当重任的机会。

主动"补位",做公司需要的事

看足球比赛,我们会发现,最优秀的射手就是最善于捕捉战机的人,他们总能在正确的时间出现在正确的位置上。优秀的射手都是会跑位的人。同样,一个不把问题留给老板的员工也应当是一个善于跑位的人,无论在什么时候,不用老板吩咐,他们总能出现在最需要的位置上。

我们的工作就和一场足球比赛一样,任何时候都可能有意外情况发生,这时候,积极主动的员工就要有想他人所未想的精神,随时有补位的意识。一个能够随时应对工作中可能出现的问题的员工,一定会成为老板最需要的员工。这样的员工不会把问题留给老板去解决,自然会得到老板的赏识和重用。

当今的市场竞争十分激烈,企业即使分工十分明确,也可能会有一些意料之外的情况发生，出现一些无人负责的工作。以什么样的态度对待这些工作，可以判断出员工的主人翁精神和责任感。有的员工认为这些事和自己的工作职责无关，即使是一件随手可以做好的小事也不屑为之。而有的员工则能够把这些事看做是锻炼自己的机会，主动去做，并且能够脚踏实地做好。最终，前者仍然平庸，而后者却最终登上了职业的巅峰。

张良是一家合资公司的普通职员，他的工作十分简单，负责收发和传送文件。当公司里出现一些突发的事情时，其他员工总是推三阻四，不愿去做，而张良这个时候能够像一个候补队员一样，能够及时补上去。因为他愿意多做事，从来不叫苦叫累，事情完成得也很好，所以对他的指派也越来越多。有些本来不在他的工作范围内的事，也常常会派给他。

有些同事开始笑他，说他在被老板耍，干那么多事也不增加薪水。可是，张良对这样的议论丝毫不放在心上。他认为杂事多，自己也就有更多的学习机会，能够得到更多的锻炼。至于薪水，等到自己有更多的经验时，自然也会增加。

后来，老板注意到了他，对于他的工作表现十分欣赏。张良接手的工作越来越多，也渐渐变成一些更为重要的工作。当公司需要派人去拜访重要客户或者是参加重要谈判时，他总是老板的第一人选。终于有一天，公司成功上市，而张良则以董事会秘书的身份成为公司的一个重要员工。

张良的故事告诉我们，对于员工来说，掌握的个人资源和工作资源越多，对于自己的提升也就越有利。所以，多做一些工作，有补位意识是提高你的工作地位的重要条件。

我们现在所做的工作，都是在为将来做准备，只有树立起补位意识，才能够把今天的每一份工作当做是锻炼自己的机会，从而为明天的成功积累更多的资本。

A和B住在同一村子，他们都很聪明，可由于出身贫穷，都初中还没毕业就辍学打工去了。由于他们能吃苦，不久，他俩就在一个制陶厂找到了工作，但待遇不算好，做的也是最粗最累的活儿。

没过多久，A对B说：他想继续学习，报了夜校想学一点工商管理的知识。

B并没有表示什么，只是点头笑了笑，这其中多少有不屑的成分，但A从那天开始，他开始一边学习工厂的技术，一边读夜校学习工商管理知识。

没过多久，一名技术人员因偷窃被开除了，当车间主任苦于找不到替代的人员时，A及时向班长毛遂自荐。很自然地得到了他想要的那份工作。

成为技术工人之后，A感觉自己已经找到改变前途的机会，工作更加卖力，学习也更加刻苦了，他学以致用，经常向车间主任提出自己的建议，这一切老板都看在眼里，记在心上。

在这家工厂工作的第三年，A的上司——车间主任从自己的位置上退休了，A很顺利地当了车间主任，而这时的B还在干着最苦最累的工作。

职业咨询师告诉我们：一个人应该永远同时做好两件事，一个是现在的工作，另一个是真正想要做的工作，也就是理想中的工作。这并不是鼓励在职的员工跳槽，而是要懂得为自己的将来作准备，当你能够学到足以超越目前的职位的技能和经验时，你就拥有了更多的资本接近成功。

比老板更积极主动

一个不把问题留给老板的员工应当把公司当成自己开的一样，比老板更积极主动地投入自己的工作，而不是事事等待老板吩咐，只有这样，才能取得像老板一样的成就。

与此恰恰相反，很多人认为，公司是老板的，我只是替别人工作。工作得再多，再出色，得好处的还是老板，于我何益。存在这种想法的人很容易成为"按钮"式的员工，天天按部就班地工作，缺乏活力，有的甚至趁老板不在没完没了地打私人电话或无所事事地遐想。这种想法和做法无异于在浪费自己的生命和自毁前程。

英特尔总裁安迪·葛洛夫应邀对加州大学伯克利分校毕业生发表演讲的时候，提出以下的建议："不管你在哪里工作，都别把自己当成员工——应该把公司看做自己开的一样。"事业生涯除了自己之外，全天下没有人可以掌控，这是你自己的事业。

身为一名员工，应该时刻记住这样一点：你每天都在和几百万个人竞争。所以要不断提升自己的价值，精进自己的竞争优势以及学习新知识，努力去适应新环境，并且善于从变化中学到新本领，这样你才会与榜样员工更接近，否则，你就没有机会，你将永远是一名普通的职员，你将永远跳不出命运安排给你的轨道。

要做到比老板更积极主动，你需要做到以下几点：

（1）比老板工作的时间更长

不要以为老板整天只是打打电话、喝喝咖啡而已。实际上，他们只要清醒着，头脑中就思考着公司的行动方向，一天十几个小时的工作时间并不少见。所以，你不要吝啬自己的私人时间，一到下班时间就率先冲出去的员工是不会得到老板的喜欢的。即使你的付出得不到什么回报，也不要斤斤计较。除了自己分内的工作以外，尽量找机会为公司作出更大的贡献，让公司觉得你是物超所值。比如：下班之后你还在工作岗位上努力，尽力寻找机会增加自己的价值，尽量彰显自己的重要性，使自己不在公司的时候，公司的某个方面的工作运行起来会很困难。

（2）抢先思考，不把问题留给老板

任何一项工作程序都存在改进的问题，抢先在老板提出问题前，把答案奉上的行为是最受老板赏识的了。因为只有这样的职员才真正能减轻老板的精神负担和工作压力，老板不用再为此占用大脑空间，可以腾出来思考别的事情了。

事实上，能够做到这一点的人并不多。也许可以说，能长期有本事跟老板在工作上竞赛，而且有本事把对方击败的，也差不多可以够得上资格当老板了。

（3）不要满足自己的成就

老板成功的原因多数都是一步步积累而来的，谁见过一个好的称职的老板满足过？如果你想比他更出色，就应该时刻警告自己不要躺在安逸的床上睡懒觉，要让自己每天都站在别人无法企及的位置上，这样机会才会很快垂青于你。

能够做到比老板更积极主动工作的人并不多，如果你能够成为其中的一员，那么你在职场中必将大有收获。

勤奋不已

一个不把问题留给老板的员工应当懂得勤奋工作的重要性。享受生活固然没错，但怎样成为老板眼中有价值的职业人士，才是我们最应该考虑的。勤奋工作的习惯是一个人获得职场成功的重要条件。生活中，再也没有什么比偷懒和做事磨蹭更能阻碍一个人成功的了——它会分散一个人的精力，磨灭一个人的雄心，使我们只能被动地接受命运的安排，而不是主动地去主宰自己的生活。

在许多人的眼里，勤奋是一种过时的工作态度。他们认为现代社会需要的是头脑和机遇，只要两者兼备就可以轻松获取成功，这种错误的认识使他们在工作中变得拖延、敷衍、逃避和推诿。不仅不主动做事，还经常把自己的本职工作搞得一塌糊涂，最后等待他们的只能是挫折和焦虑。

勤奋不仅能够唤起你的斗志，促使你主动工作，而且还能够让你的内心在工作中变得更加充实和平静。**心理学家们认为，即使你在最卑微的劳动中，只要你着手工作了，你的整个灵魂必将化为一种真实的和谐！**疑虑、欲念、忧伤、懊悔、愤怒、失望等都将不存在，于是一切也就平和而安宁。

在罗马，人们非常尊敬农业这一行当，那些凯旋的士兵和将军都要去务农。这个国度推崇勤劳的品质，罗马人把勤奋和功绩作为他们的箴言，甚至连古罗马皇帝临终前留下来的遗言竟然都是"让我们勤奋工作！"

　　成功需要刻苦的工作。作为一名普通的员工，你要更相信，勤奋是检验成功的试金石。即使你才智一般，只要勤奋工作，主动做好自己手头的工作，最终你将会成为一名成功者。

　　从英国飞往马来西亚首都吉隆坡的汉斯，一下飞机就直接找到自己的上司哈恩要求参加工作。

　　"好啊！请你搬把椅子坐在我办公室的角落里，尽可能地不要引人注目，其他人在场的时候不要说话，不管是迎来还是送往，你都不要离开这里。"哈恩说道。

　　"我就干这个吗？"汉斯问。

　　"对。而且最起码要这样干一个月。当然，你要把自己的真实感想、疑虑、发现的问题及它的根源等分析清楚并记录下来。"哈恩郑重其事地说。

　　"可是，经理，我大老远地从英国总部赶来，您让我用一个月的时间就干这些吗？"汉斯非常不解，"您要知道，我……"

　　"好了，既然你到了我这里，就必须听我的吩咐，而我也不想听你说你以前是干什么的，是多么糟糕或出色。你可能有你的想法，也许你的想法很对，但请你先把它们放下，从适应这里的一切开始。"

　　汉斯虽然满肚子的委屈，但人在职场身不由己。他只好从头做起，每天静静地坐在办公室的角落里，看哈恩怎样处理问题、迎接客户和指挥下属"开疆拓土"。脑子里像个观察员和评论员一样记录着他的得与失……

　　但是，随着时间的推移，他学到了以前从未看到或想到的一些事情,尤其是哈恩如何化解各种矛盾、运筹帷幄地提高工作效率和加速本部门业绩的技巧,不但让他大开眼界,更让他学到了一些在书本上学习不到的知识。更重要的是,他从哈恩身上学习到了勤奋主动的工作习惯。

一个月结束时,哈恩问:"怎么样,还有些收获吧?"

"谢谢您。这一个月的工作真让我一生受用无穷啊!"汉斯无限感慨地回答。后来汉斯成了另外一家公司的总裁,虽然取得了令人称羡的成绩,但他还是一如既往地保持着从自己的上司哈恩身上学习到的勤奋的工作精神。

一个人只有勤奋,才能在工作中取得主动,才能超越自己平凡的人生轨迹,获得自己应得的荣誉。古罗马有两座圣殿:一座是勤奋的圣殿,另一座是荣誉的圣殿。他们在安排座位时有一个秩序,就是必须经过前者,才能达到后者。勤奋是通往荣誉的必经之路,那些试图绕过勤奋,寻找荣誉的人,总是被荣誉拒之门外。

成功者都有一个共同的特点——勤奋。在这个世界上,投机取巧是永远都不会到达成功之路的,那些偷奸耍滑,总是把问题推给别人的人更有可能永远都没有出头之日。

被称为台湾"经营之神"的华人传奇人物王永庆,15岁小学毕业后被迫辍学,在台湾南部一家米店当小工。除了完成送米工作外,他悄悄观察老板怎样经营,学习做生意的本领。因为他总想:假如有一天我也能有一家米店……

第二年,王永庆请父亲帮他借了200元台币,以此做本钱,在自己家乡嘉义开了家小米店。开始经营时困难重重,因为附近的居民都有固定的米店供应。王永庆只好一家家登门送货,好不容易才争取到几家住户同意用他的米。他知道，如果服务质量比不上别人，自己的米店就要关门。于是，他特别在"勤"字上下工夫，甚至于趴在地上把米中的杂物一粒粒捡干净。

为了多争取一个用户，他宁愿深夜冒雨把米送到用户家中。他的服务态度很快赢得了众多用户，业务逐渐开展起来了。

不久，王永庆又开设了一个小碾米厂。由于他处处留心，经营水平日渐高超，再加上他勤快能干，每天工作十六七个小时，克勤克俭，业务范围逐渐拓宽。此后，又开办了一家制砖厂。

王永庆的发迹成为了台湾的传奇故事。成功的原因之一，正是王永庆本人常常提及的"一勤天下无难事"的道理。王永庆在美国华盛顿的一个企业演讲时，谈到了他一生的坎坷经历。他说："先天环境的好坏，并不足为奇，成功的关键完全在于自己努力。"

一勤天下无难事，人们在年轻时，就培养成"勤勉努力"的习惯，并且在工作中永远不减勤勉且更加努力，那么这种无形的财富和力量将会成为你终身受用的法宝。

第五章
决不拖延,该做的事马上去做

拖延不是无所谓的耽搁

拖延并不能使问题消失也不能使解决问题变得容易起来,而只会使问题深化,给工作造成严重的危害。我们没解决的问题,会由小变大、由简单变复杂,像滚雪球那样越滚越大,解决起来也越来越困难。而且,没有任何人会为我们承担拖延的损失,拖延的后果可想而知。

事实上,拖延绝不是一种无所谓的耽搁。一个公司很有可能因为短暂的拖延而损失惨重,这并非危言耸听。1989年3月24日,埃克森公司的一艘巨型油轮在阿拉斯加触礁,原油大量泄漏,给生态环境造成了巨大破坏,但埃克森公司却迟迟没有作出外界期待的反应,以致引发了一场"反埃克森运动",甚至惊动了当时的布什总统。最后,埃克森公司总损失高达数亿美元,形象严重受损。

无独有偶,爱立信公司也是因为一味地回避自己T28型手机在质量和服务中存在的问题,导致自己失去了在中国的大部分市场份额。

有着百年辉煌历史的爱立信与诺基亚、摩托罗拉称雄于世界移动通信业。但自1998年开始的3年里，当世界蜂窝电话业务高速增长时，爱立信的蜂窝电话市场份额却从18%迅速降至5%，即使在中国市场，其份额也从33%左右迅速下滑到了2%。爱立信在中国的市场销售额一泻千里地从手机销售头把交椅跌落下来，不但退出了销售三甲，而且还排在了新军三星、飞利浦之后。在中国这样一个快速成长的市场上，国际上很多濒危的企业一到这个市场就能起死回生、生龙活虎，但爱立信却在这块宝地上失去了它往日的辉煌。

2001年，在中国手机市场上，大家去买手机时，都在说爱立信如何如何不好。当时，它有一款叫做"T28"的手机存在质量问题，这本来就是一种失误，但更大的错误是爱立信漠视这一失误。"我的爱立信手机坏了，送到爱立信的维修部门，问题很长时间都没有解决。最后，他们告诉我是主板坏了，要花700块钱换主板。而我在个体维修部那里，只花25元就解决了问题。"这位消费者确切地说出了爱立信存在的问题。那时，几乎所有媒体都注意到了"T28"的问题，似乎只有爱立信没有注意到。爱立信一再地辩解自己的手机没有问题，而是一些别有用心的人在背后捣鬼。然而，市场不会去探究事情的真相，也不给爱立信以"申冤"的机会，而是无情地抛弃了它。

1998年，《广州青年报》从8月21日起连续三次报道了爱立信手机在中国市场上的质量和服务问题，引发了消费者以及知名人士对爱立信的大事批评，而且，爱立信的768、788C以及当时大做广告的SH888，居然没有取得入网证就开始在中国大量销售。当时，轻易不表态的电信管理部门的声明，证实了此事。至此，爱立信手机存在的问题浮出了水面。但爱立信一如既往地采取掩耳盗铃的方式来解决问题。据当时参加报道的一位记者透露，爱立信试图拿出几百万元广告费来封媒体的嘴；

爱立信广州办事处主任还狡辩：我们的手机没有问题。既然选择拒不认错，爱立信自然不会去解决问题，更不会切实地去做服务工作。质量和服务中的缺陷，使爱立信输掉了它从未想放弃的中国市场。

埃克森石油公司和爱立信公司的事例告诉我们，一味地回避拖延并不能够解决问题，反而只会让问题越来越严重，解决问题的最好时机就在问题刚刚萌生时。

有个农夫新购置了一块农田。可他发现在农田的中央有一块大石头。

"为什么不铲除它呢？"农夫问。

"哦，它太大了。"卖主为难地回答说。

农夫二话没说，立即找来一根铁棍，撬开石头的一端，意外地发现这块石头的厚度还不及一尺，农夫只花了一点点时间，就将石头撬离了农田。

这个故事告诉我们，问题事实上并不像它们看上去那么可怕，如果面对问题你能够积极地行动，那么再难的问题也会迎刃而解了。

下面我们为你如何克服工作中的畏难和拖延的心理提出一些小建议，这些建议，对那些决心改变自己的拖延者而言，是有积极意义的。事实上，这也是很多企业培训员工的一项重要内容。

（1）**增强自信心。**立即将要做的事情作个规划安排，能马上做的就马上做，不能马上做的，定下具体时间。

（2）**增强规划自己的能力。**每天检查自己的得失，做出第二天的行动计划。

（3）**提高策略水平，多想办法和计谋。**比如将繁杂的工作适当分解为许多小的行动步骤，一次做一点。

（4）限时完成任务，给自己一定的激励和约束。

（5）破釜沉舟，自断退路。自我逼上梁山，阻断借口。

（6）寻求帮助，找合作伙伴或取得别人的支持。

（7）不要追求十全十美。

最佳的任务完成期是昨天

埃克森·美孚石油公司是一家全球利润最高的公司，超过微软两倍。

2002年，埃克森·美孚的资本回报率达到10年以来的最高值——14.7%。知名投资分析师鲍勃说："这种回报率是其他公司数年来一直可望而不可即的。"

更多的人说，李·雷蒙德是工业史上绝顶聪明的CEO之一，是洛克菲勒之后最成功的石油公司总裁——没有人能够像他一样，令一家保守行业的超级公司股息连续21年不断攀升，并且成为世界上一台最赚钱的机器。

埃克森·美孚石油公司跃升为全球利润最高的公司，有着埃克森公司和美孚公司携手的因素，更是因为它拥有一支绝不拖延的员工队伍。这家公司的实践再一次告诉我们，员工克服拖延的毛病，培养一种简捷高效的工作风格，可以使公司的绩效迅速提升，并使每一位员工的工作乃至生命都更富有价值。

有一次，李·雷蒙德和他的一位助手到公司各部门巡视工作。到达休斯敦一个区加油站的时候，已经是下午三点了，李·雷蒙德却看见油价告示牌上公布的还是昨天的数字，并没有按照总部指令将油价下调5美分/加仑进行公布，他十分恼火。

李·雷蒙德立即让助手找来了加油站的主管约翰逊。远远地望见这位主管，他就指着报价牌大声说道："先生，你大概还熟睡在昨天的梦里吧！要知道，你的拖延已经给我们公司的声誉造成很大损失，因为我们收取的单价比我们公布的单价高出了5美分，我们的客户完全可以在休斯敦的很多场合，贬损我们的管理水平，并使我们的公司被传为笑柄。"

意识到问题的严重性，约翰逊连忙说道："是的，我立刻去办。"

看见告示牌上的油价得到更正以后，李·雷蒙德面带微笑说："如果我告诉你，你腰间的皮带断了，而你却不立刻去更换它或者修理它，那么，当众出丑的只有你自己。这是与我们竞争财富排行榜第一把交椅的沃尔玛商店的信条，你应该记住。"然后，李·雷蒙德和助手一起离开了加油站。从此之后，那位主管做事再也不会拖拖拉拉了。

商场就是战场，工作就如同战斗。任何一家公司要想在市场上立于不败之地，就必须拥有一支高效能的战斗团队。任何一位经营者都知道，对那些做事拖延的人，是不可能给予太高期望的。

某公司老板要赴国外公干，且要在一个国际性的商务会议上发表演说。他身边的几名工作人员于是忙得头晕眼花，要把所需的各种物件都准备妥当，包括演讲稿在内。

在该老板出发的那天早晨，各部门主管也来送行。有人问其中一个部门主管："你负责的文件打好了没有？"

对方睁着惺忪睡眼道："昨晚只睡4小时，我熬不住睡去了。反正我负责的文件是以英文撰写的，老板看不懂英文，在飞机上不可能看，待他上飞机后，我回公司去把文件打好，再以电讯传去就可以了。"

谁知，老板到后，第一件事就问这位主管："你负责预备的那份文件和数据呢？"这位主管按他的想法回答了老板。老板闻言，脸色大变："怎么会这样？我已计划好利用在飞机上的时间，与同行的外籍顾问研究一下自己的报告和数据，别白白浪费坐飞机的时间呢！"这位主管闻言脸色惨白，庆幸没被炒了鱿鱼。

作为一名优秀的员工，任何时候都不要自作聪明地设计工作，期望工作的完成期限会按照你的计划而后延。优秀的员工都会谨记工作期限，并清楚在所有老板的心目中，最理想的任务完成日期是：昨天。

想到就做，马上行动

每天都能听见有人说，"如果我当时就开始做那笔生意，早就发财了！"或者"我早就料到了，我好后悔当时没有做！"然而天下没有卖后悔药的。如果只是沉浸在不切实际的幻想中，梦想着天上掉馅饼儿，而不是脚踏实地付诸行动，那么幻想恐怕永远都只是幻想。只有积极行动，才能将空想变成现实。

一张地图，无论多么翔实，比例多么精确，它永远不可能带着主人周游列国。严明的法规条文，无论多么神圣，永远不可能防止罪恶的滋生。凝结智慧的宝典，永远不可能缔造财富。只有行动才能使地图、法规、宝典、梦想、计划、目标更具有现实意义。

著名作家海明威小时候很爱空想，父亲为了让他克服这个毛病，给他讲了一个故事：

一个人向一位思想家请教成功的关键所在，思想家告诉他是"多思多想"。这人听后，似有所获。回到家，躺在床上，开始胡思乱想。他的妻子发现了他行为举止的异常，跑去找思想家，说："丈夫自从向您请教后，整日足不出户，眼望天花板，口中念念有词，就像中了邪。"思想家跟着她妻子到那人家中。看到那人委靡不振，勉强眨着眼。看到思想家来了，就像抓到了救命稻草，急切地问："我每天一直在思考，你看我离伟大的思想家还有多远？"思想家问："你思考了些什么？"那人答："想得太多，脑袋都快炸了。""你只想不做，只能收获无用的思想垃圾。"思想家毫不留情。

故事中不难发现，满腹经纶的空想家，他们是思想的巨人，却是行动的矮子，他们的思考没有任何价值。

在父亲的教导下，海明威终其一生也总是喜欢实干而不尚空谈，并且一生行万里路，足迹遍及亚、非、欧、美各大洲，写出了许多流传百世的经典著作。他用实实在在的行动作为动力，取得了巨大的成功，取得了卓越的成就。海明威用他的行动证明了这样一个道理：只有行动才能让思想发挥它的价值。同样，在职场中，只有积极的行动才能解决工作中的实际问题，才能让我们的才华体现出它的价值。

亨利·福特说："我最喜欢积极工作的员工。因为他一积极起来，便会调动顾客的积极情绪，生意便做成了。"

如果我们能够以积极的心态去面对每一项工作，就可以让自己的心灵引擎中沸腾起无穷的能量，继而推动自己的进取心和创新意识。

这样，即使在平凡的工作岗位上工作，也会创造出不平凡的业绩。

卡尔森是一家公司的业务经理。在他的办公桌上满是签条、函电、合同和资料，他正在电话上跟两个人商谈，还有两个客户坐在他对面，等着和他谈话。他看了看约会的登记本，记下他要参加的另一个重要会议。此外，他还得口授几封信，并且……这样大的工作压力，对一般人来说，实在是难以想象。

来让我们看看卡尔森是怎么做的吧：

他热忱地对待他的来宾，仔细地聆听他们的陈述，尽其所能地回应他们的需求。他拿起电话，立即与相关的人进行沟通，然后又转向他的来宾。他告诉他们，他对所谈的事情将采取怎样的行动，他对通话机口授一封信，然后回过头来问他的来宾对他的决定是否感到满意。得到满意的答复之后，他把他们送到大门口，和他们热烈握手道别。

从上述过程看来卡尔森不容任何混乱的现象破坏他的工作效率，相反，他只在心中预期了这一天所获得的成就。他用最积极的行动来代替那些只想不做的幻想。

那些习惯于幻想而缺乏行动的人往往是因为他们缺乏时间上的紧迫感，他们任随时间流失，而不会采取积极有效的行动。就像温水中的青蛙一样，直到问题扩大到无法收拾的时候才引起警觉，但这个时候往往是无力回天了。

把青蛙直接扔进沸腾的水中，青蛙的神经刺激反应很快，它会马上跳出来。反过来，如果把青蛙先放进20℃~30℃的温水中，再给水逐渐加热，直到沸腾为止，青蛙则会被活活烫死。

水温过高，为了保全性命，青蛙会毫不犹豫地立刻跳出，所以青蛙在第一种情形下安然无恙。但是，如果一开始把青蛙泡在温水中，它会忘乎所以地在水里游来游去，根本就察觉不到水温在变化，神经系统反应也不灵敏，等发现异常时，已经奄奄一息，没有跳离沸水的力量了，只能坐以待毙。

这种情形也发生在人身上，我们常常安于现状，习惯于轻松闲适、风平浪静的生活节奏，不到紧急关头不愿意有所行动，等到问题越来越严峻，我们的工作也会变得越来越被动，到那时就会置身于水深火热之中，苦不堪言，工作业绩也会一塌糊涂。要改掉拖延的坏毛病，我们就要有紧迫感，发现问题，马上行动，这样才能成为老板心目中善于解决问题的好员工。

发现问题及时解决

一个很小的问题，在开始萌芽的时候如果不加以有效地解决，会像滚雪球一样不断变大。工作中出现的很多被动局面，往往并不是因为一些十恶不赦的大错误引起的，而是因为一些小问题出现时我们没有及时解决，才演化得不可收拾。因此，我们在工作中一旦发现问题出现时，无论看起来多么微不足道的问题，我们都不要掉以轻心，让其泛滥，而是应当迅速地将它扼杀。

"环大西洋"号海轮发生的海难事件，无疑说明了这一点。

当时，巴西海顺远洋运输公司派出的救援船到达出事地点时，"环大西洋"号海轮已经消失，21名船员也不见了，海面上只有一个救生电台有节奏地发出求救的信号。救援人员看着平静的大海发呆，谁也想不明白在这个海况极好的地方到底发生了什么，从而导致这条最先进的船沉没。这时有人发现电台下面绑着一个密封的瓶子，打开瓶子，里面有一张纸条，21种笔迹，上面这样写着：

水手理查德：3月21日，我在奥克兰港私自买了一个台灯，想给妻子写信时用来照明。

二副瑟曼：我看见理查德拿着台灯回船，说了句这小台灯底座轻，船晃时别让它倒下来，但没有干涉。

三副帕蒂：3月21日下午船离港，我发现救生筏施放器有问题，就将救生筏绑在架子上。

水手戴维斯：离岗检查时，发现水手区的闭门器损坏，用铁丝将门绑牢。

二管轮安特尔：我检查消防设施时，发现水手区的消防栓锈蚀，心想还有几天就到码头了，到时候再换。

船长麦凯姆：起航时，工作繁忙，没有看甲板部和轮机部的安全检查报告。

机匠丹尼尔：3月23日上午理查德和苏勒的房间消防探头连续报警。我和瓦尔特进去后，未发现火苗，判定探头误报警，拆掉交给惠特曼，要求换新的。

机匠瓦尔特：我就是瓦尔特。

大管轮惠特曼：我说正忙着，等一会儿拿给你们。

服务生斯科尼：3月23日13点到理查德房间找他，他不在，坐了一会儿，随手开了他的台灯。

大副克姆普：3月23日13点半，带苏勒和罗伯特进行安全巡视，没有进理查德和苏勒的房间，说了句"你们的房间自己进去看看"。

水手苏勒：我笑了笑，也没有进房间，跟在克姆普后面。

水手罗伯特：我也没有进房间，跟在苏勒后面。

机电长科恩：3月23日14点，我发现跳闸了，因为这现象以前也出现过，便没多想。就将闸合上，没有查明原因。

三管轮马辛：感到空气不好，先打电话到厨房，证明没有问题后，又让机舱打开通风阀。

大厨史若：我接马辛电话时，开玩笑说，我们在这里有什么问题？你还不来帮我们做饭？然后问乌苏拉："我们这里都安全吗？"

二厨乌苏拉：我也感觉空气不好，但觉得我们这里很安全，就继续做饭。

机匠努波：我接到马辛电话后，打开通风阀。

管事戴思蒙：14点半，我召集所有不在岗位的人到厨房帮忙做饭，晚上会餐。

医生莫里斯：我没有巡诊。

电工荷尔因：晚上我值班时跑进了餐厅。

最后是船长麦凯姆写的话：19点半发现火灾时，理查德和苏勒房间已经烧穿，一切糟糕透了，我们没有办法控制火情，而且火越烧越大，整条船上都是火。我们每个人都犯了一点错误，便酿成了船毁人亡的大错。

看完这张绝笔纸条，救援人员谁也没说话，海面上死一样的寂静，大家仿佛清晰地看到了整个事故的过程。

如果发现公司有不合理的现象要立刻处置，切不可拖延和姑息。对产品同样不要因为是自己做的，有了毛病就秘而不宣，等到消费者发觉时，受损害的就不止你本人，很可能连整个公司的名誉、信用也受到拖累。

拒绝犹豫，果断出击

著名的华人电脑专家王安博士说，影响他一生的事发生在他6岁那年。

一天，6岁的王安外出玩耍，发现了一只嗷嗷待哺的小麻雀。他决定带回家喂养。走到家门口，他忽然想起未经妈妈允许，便把小麻雀放在门后，进屋请求妈妈。在他的苦苦哀求下，妈妈答应了。但是，当王安兴奋地跑到门后，这时小麻雀已不见了，看到的是一只意犹未尽的黑猫。

这件事给他幼小的心灵带来了深深的创伤，从此他明白了一个道理，也吸取了一个教训：凡事要当机立断，立即行动，不能瞻前顾后，犹豫不决。王安以后做事从不优柔寡断，果断决策成就了他一生的事业。

同样，在职场中，纵使你有骄人的才干，聪慧的头脑，如果被犹豫不决的习惯所拖累，最终你必定会因此而失去老板对你的信任，失掉挑重担的机会。因此，不管从事什么行业，当老板给了你某项工作后，你必须抓住工作的实质，当机立断，立即行动。一鼓作气将问题解决，而不是在犹豫不决中贻误战机，事实上，要解决问题必须先行动起来，因为一旦进入行动状态后，人们就来不及多想，就等于逼上梁山，背水一战，只有一条路走到黑，这样反而容易将问题解决。

黛丽尔就是一个遇事当机立断，从不犹豫不决的人。她为人正直、进取，做事果敢、有魄力，从不畏缩。1950年她从美国中西部来到纽约这个世界金融中心。到了20世纪70年代，她已经凭借其非凡的才干担任纽约州银行业管理官。

1977年，香港汇丰银行提出要收购纽约的海洋密兰银行，应不应该让一家外国银行取得海洋密兰的控股权成为一时的焦点。黛丽尔和凯里州长各持不同的看法。黛丽尔经过考虑，坚持用纽约州买卖银行股权的法律规定，保住了海洋密兰的控股权。她公开反对她的上司——纽约州州长休·凯里，在当时是冒着可能被撤职的危险的，但她却毫不畏缩，为纽约州金融事业出了关键的一臂之力。

1981年，黛丽尔在另一宗银行拯救行动中，显示了她果敢善断的卓越才干。从1980年开始，纽约州的格林威治储蓄银行由于经营策略失误，很快陷入困境。它付给存款客户高利息，而它的收入来源却是低息抵押，结果入不敷出，亏损累累，濒临破产。如果再得不到援助，就会陷入绝境，关门倒闭。一旦这家银行倒闭，结果就不仅仅是一宗大银行破产事件，而且可能产生连锁反应，引起其他储蓄银行发生大规模挤兑事件。

为了阻止这种恶性事件的发生，黛丽尔果断决策，和联邦储蓄保险公司一道，谋求挽救办法。她的方案是力求在纽约州选择一家实力雄厚的储蓄银行，与格林威治储蓄银行进行兼并。她找过许多储蓄银行，但对方都表示不感兴趣。经过74个星期的无功而返，她终于在1981年12月，说服了纽约的大都会储蓄银行收购格林威治储蓄银行，同时使联邦储蓄保险公司同意发放1.85亿美元给大都会储蓄银行，进入两家银行合并具体实施阶段，终于使格林威治储蓄银行避免了破产倒闭的命运。黛丽尔成为了纽约州银行业管理官员中炙手可热的人物，成了力挽狂澜的第一功臣。

正是由于她这种果敢与决断，以及坚持自己的立场的大将作风，使她由华尔街一家股票经纪公司的调查员，成长为在纽约股票交易中稳坐第一把交椅的人，成为纽约州银行业的一个重要人物。在黛丽尔管辖之下，她所在的金融裁判机构资产合计达5000亿美元。

黛丽尔的事例告诉我们，要想在问题中显示你的才干，你就要摆脱优柔寡断的坏习惯。在瞬息万变的现代职场中，机遇、信息稍纵即逝，当机立断是一个优秀员工所必备的基本素质之一。然而在实际工作中，并不是每个人都能做到这一点。有些人往往优柔寡断，患得患失，瞻前顾后，结果只是将问题一拖再拖，失去了解决问题的最佳时机。

美国加利福尼亚大学在一份分析了3000多名失败者的报告中得出结论，在30多种常见的失败原因中，优柔寡断首当其冲。

犹豫不决，是一个人在职场上取得成功的大敌。任何一个老板都知道，企业发展需要那些做事坚决果断，能够迅速将问题解决的人来推动。因此，如果你要赢得老板的信任，成为企业发展的核心力量，就应当改掉优柔寡断的坏习惯。

对付优柔寡断最好的办法就是要勇敢、自信，不要再等待、再犹豫，要时刻提醒自己对于任何事情都不要犹豫不决。

要想从根本上克服犹豫不决、优柔寡断的毛病，可以从以下几个方面入手：

（1）在行动之前，要反复冷静地思考，给自己充分思考主题和问题的时间。

（2）一旦作好心理准备，就立即行动，迟疑是最大的禁忌。

（3）不要要求自己十全十美，不论心情好坏，每天都要有规律地持续工作。

（4）不要浪费时间，把握住现在。今天应该干的绝不拖到明天。商海如战场，时机很关键。只要你看好了、看准了，你就该下决心：快，快动手吧！还犹豫什么？

（5）要有远见、有计划地工作，搜集对将来有用的情报，一点一滴地积累。

如果你想在职场上取得成功，成为老板所青睐的员工，就一定要养成遇事果断的作风。只有这样，你才能在工作中将一个个问题果断、迅速地处理好。

积极行动，不找借口

在《格兰特将军回忆录》中，记录了这样一则故事：

在任命格兰特为联邦军队总指挥官的那天，林肯将格兰特叫到了自己的办公室，和他讨论了当时的战争局势，在经过一番推心置腹的讨论之后，林肯意味深长地给格兰特讲了一个故事：

"从前，动物之间发生了一场大战，交战的一方怎么也找不到一个英勇善战的指挥官。最后，他们找到了一只名叫'知冶'的猴子，他说他能统率他们的军队，只要把他的尾巴加长一点就行。所以他们就弄来一根尾巴，把它接在他的尾巴上。他向它赞赏地看看，心想应该再加长一点。于是又加了一条尾巴，可他还不满足。尾巴一接再接，直到最后，'知冶'的尾巴盘起来把整个房间都塞满了。他还是一个劲地要更多的尾巴，由于没有盘的地方了，他们就把尾巴绕在他肩上。他不断地要，他们就不断地把更多的尾巴绕在他身上，最后，尾巴的重量终于把他压垮了。"

这个故事说明了格兰特在林肯心目中的地位，也给予格兰特一个极富想象力的比喻：格兰特不是一只拼命要求附加条件的无能的猴子，而是一个浑身是胆，满腹才华的军事指挥家。他不需要附加条件，不需要任何理由：他只要有限的资源外加自己睿智的头脑就绰绰有余，胜券在握了。在林肯总统的心目中，格兰特将军就是那个不把问题留给他的人。

现代社会是一个讲究效率的时代。很多老板都希望能够找到像格兰特那样能够强有力地执行任务，不拖延，不找借口的员工。事实证明，很多成功者真正的才能在于他们审时度势之后付诸行动的速度，这才是他们出类拔萃、真正成功的秘诀。什么事一旦决定，马上付诸实施是他们共同的素质，在他们身上找不到任何借口和拖延的影子。

那些在工作中经常拖延工作的人是制造借口和托辞的专家。拖延的背后是人的惰性在作怪，而借口是对惰性的纵容。人们都有这样的经历，清晨闹钟将你从睡梦中叫醒，想着该起床上班了，同时却感受着被窝的温暖，一边不断地对自己说该起床了，一边又不断地给自己找借口"再躺一会儿"，于是又躺了5分钟，甚至10分钟……

做事拖延的员工绝不是称职的员工。如果你存心拖延逃避，你就能找出成堆的借口来辩解为什么事情不可能完成或做不了，而为什么事情该做的理由却少之又少。把"事情太困难，太花时间"的种种借口合理化，要比相信"只要我们够努力、够聪明、衷心期盼，就能完成任何事"容易得多。我们不愿许下承诺，只想找个借口。

如果你发现自己经常为了没做某些事而制造借口，或是想出千百个理由来为没能如期实现计划而辩解，那么现在正是该面对现实好好检讨的时候了。

对付惰性最好的办法就是根本不让惰性出现，千万不能让自己拉开和惰性开仗的架势。往往在事情的开端，总是积极的想法在先，然后当头脑中冒出"我是不是可以……"这样的问题时，惰性就出现了，"战争"也就开始了。一旦开仗，结果就难说了。所以，要在积极的想法一出现后马上行动，让惰性没有乘虚而入的机会。

今日之事今日毕

要将任务快速高效地完成，不让自己手中的问题拖太久时间，我们就应当养成今日事今日毕的好习惯，面对问题要经常抱着"必须把握今日去做好它，一点也不可懒惰"的想法去努力。

歌德说："把握住现在的瞬间，把你想要完成的事物或理想，从现在开始做起。只有勇于行动的人身上才会赋有天才。因此，只要做下去就好，在做的过程当中，你的心态就会越来越成熟。能够有开始的话，那么，不久之后你的工作就可以顺利完成了。"

今日事今日毕促使我们更加珍惜自己的时间。虽然只是一天的时光，也不可白白浪费。曾有一位打工仔在年尾受到老板忠告说："希望明年开始，你能好好认真地做下去。"可是那位打工仔却回答说：

"不！我要从今天开始就好好地认真工作。"

凡事都留待明天处理的态度就是拖延，这不但是阻碍进步的恶习，也会加重生活的压力。对某些人而言，拖延是一种心病，它使人生充满了挫折、不满与失落感。

清人文嘉有首著名的《今日歌》唱道："今日复今日，今日何其少，今日又不为，此事何时了？人生百年几今日，今日不为真可惜，若言姑待明朝至，明朝又有明朝事。"

任何事情如果没有时间限定，就如同开了一张空头支票。只有懂得用时间给自己压力，到时才能完成。所以你最好制定每日的工作时间进度表，记下事情，定下期限。每天都有目标，也都有结果，日清日新。在众多的企业中，海尔就是当日事当日毕的一个典型代表。

海尔在实践中建立起一个每人、每天对自己所从事的工作进行清理、检查的"日日清"控制系统。案头文件，急办的、缓办的、一般性材料摆放，都是有条有理、井然有序；临下班的时候，椅子都放得整整齐齐的。

"日日清"系统包括两个方面：一是"日清日毕"，即对当天发生的各种问题（异常现象），在当天弄清原因，分清责任，及时采取措施进行处理，防止问题积累，保证目标得以实现，如工人使用的"3E"卡，就是用来记录每个人每天对每件事的日清过程和结果；二是"日清日高"，即对工作中的薄弱环节不断改善、不断提高，要求职工"坚持每天提高1%"，70天工作水平就可以提高一倍。

对海尔的客服人员来说，客户对任何员工提出的任何要求，无论是大事，还是"鸡毛蒜皮"的小事，工作责任人必须在客户提出的当天给予答复，与客户就工作细节协商一致。然后毫不走样地按照协商的具体要求办理，办好后必须及时反馈给客户。如果遇到客户抱怨、投诉时，需要在第一时间加以解决，自己不能解决时要及时汇报。今日事今日毕是确保问题在第一时间内解决的重要条件。

要做到今日事今日毕，我们就要克服自身拖延的坏习惯，将日事日毕的理念贯彻到我们日常的行为当中。下面是几种克服拖延的实用小技巧，希望能够对你有帮助。

（1）找准原因

是什么原因使我们无法做某项工作？优柔寡断？害羞？无聊？无知？散漫？恐惧？疲倦？无法忍受不愉快？缺乏必备的工具？一字一句具体指出拖延某事的原因，区分类别。如果正确地认清问题，则解决方法就会变得相当明确。如信息不足，则可以着手寻找必需的资料。

（2）分步进行

工作似乎相当艰巨，则稍稍暂缓，拿出纸来思考。记下完成工作的所需步骤，步骤的幅度越小越好，即使它们只需要花费一两分钟，也须分别记下。

这个艰巨的工作就像一条未被切割的大腊肠，庞大、皮厚、油腻、难以入口，但如果切为薄片，则相当引人垂涎。将艰巨的工作分割对待，即分成每个小小的即时工作单，就像可以马上享用的腊肠片，而非整条腊肠。

（3）引导式工作

假设想拖延写信，不要试着去强迫自己，只要采取一小步骤，当做完这一步，便可以决定是否要继续下去。这步骤可能是看看信的地址，或将纸转入打字机，或取下纸来，或写下想提出的要点。任何事皆可，只要是明显的身体行为。这是打破内心困顿的一个重要方式。

（4）5分钟计划

有些工作难以分割小块，如想清理积压如山的公文，大约需要一小时，实在很难将它简单分割成"即时工作"。这时，可以试试5分钟计划，和自己作个约定，允许以5分钟做这工作，时间一到，便可自由去做想做的事，或是继续5分钟。不管工作多么令人厌烦，仍须常常去做5分钟。5分钟后，若不想接着继续干，则不要干，约定就是约定。在将工作放下之前，记下另一个5分钟的时间。

此外，记日记，和自己对话，让信得过的上司、同事或下级在固定时间督促检查你的工作，这些方法可以克服拖延。

第六章

积极思考，遇到问题找方法

只要思想不滑坡，方法总比问题多

一个不把问题留给老板的员工当自己遇到问题和困难的时候，他总是能够主动去找方法解决，而不是找借口逃避责任，找理由为失职辩解。找理由为自己的失败辩解只会加速失败，只有去找方法才会成功。

张小姐从旅游学院毕业不久，就到一家五星级饭店当接待员。参加工作不久，她就遇到了一个棘手的问题。

那天，一位来自美国的客人焦急地向值班经理反映：来中国前，他就预订了香港→北京→西安→深圳的联票。但是，由于疏忽，一张去西安的机票没有及时确认，预定的航班被香港航空公司取消了。这一下他急了，他到西安是去签订合同。如不能及时赶到，将造成很大的损失。

酒店的老总当即安排张小姐和另外一位老接待员解决这一问题。她们一起到民航售票处，向民航的售票员介绍了有关情况，希望她能够帮忙解决这一问题。

但售票员的回答是："是香港航空公司取消的航班，和我们没有关系。"

还有其他什么办法吗？再重新买票已经来不及了，因为票已经全部售完了。

于是她们再一次向售票员重申：这是一个很重要的外国客人，如不能及时赶到会造成很大的损失。但售票员的回答仍然是："对不起，我也无能为力。"

张小姐问："难道就再没有别的办法吗？"

售票员说："如果是重要客人，你们可以去贵宾室试试。"

她们立即赶到了贵宾室。但在门口就被拦住了，工作人员要求她们出示贵宾证。这一下她们又傻眼了。此时此刻，到哪里去办贵宾证啊？

张小姐不甘心，又向工作人员重申了一遍情况，但工作人员还是不同意让她们进去。她突然动了一个念头，于是问了一句："假如要买机动票，应该找谁？"

回答是："只有总经理。不过我劝你们还是别去找了，现在票紧张得很呢！"

碰了这么多次壁，同去的接待员已经灰心丧气了。她想：要找总经理，那恐怕更是没有希望。于是，她拉着张小姐的手说："算了吧，肯定没希望了，还是回去吧，反正我们已经尽力了。"

那一瞬间，张小姐也有点动摇了，但很快她又否定了自己的想法，还是毫不犹豫地向总经理办公室走去。见到总经理后，她将事情的来龙去脉又讲述了一遍。总经理听完之后，看着她满是汗水的脸，微微一笑，问："你从事这项工作多长时间了？"

得知她刚刚参加工作，总经理被她认真负责的态度感动了，说："我们只有一张机动票了,本来是准备留下来给其他重要客人的。但是,你的敬业精神和对客人负责的态度让我非常感动。这样吧,票就给你了。"

当她把机票送到望眼欲穿的美国客人手上时,客人简直是喜出望外,酒店的总经理知道这件事后,当着所有员工的面对她进行了表扬。不久,她被破格提拔为接待主管。

后来,她对一个朋友讲述了这个故事。朋友问地:"你为何能做到这点?"

她回答说:"其实,当我的同事说一点希望也没有的时候,我也很想放弃,我已经被拒绝多次了,我也怕见到总经理后,仍然会遭到拒绝。但是,我不想放弃最后的一点希望。这件事让我明白了一个道理:无论遇到什么样的困难,只要你肯努力,不轻易放弃才有可能找到解决的办法。"

有位成功人士在与人谈到成功的经验时说:"我之所以能有这样的发展,都源于我凡事都愿去找方法解决。"

有人调查过很多企业的成功人士,从他们身上发现了一个共同的特质:最优秀的人,往往是最重视找方法的人。他们相信凡事都会有方法解决,而且是总有更好的方法。

作为华人首富,李嘉诚的名字可谓家喻户晓。他之所以能成为首富,也并非没有规律可循:从打工的时候起,他就是一个找方法解决问题的高手。

有一次,李嘉诚去推销一种塑料洒水器,连走了好几家都无人问津。一上午过去了,一点儿收获都没有,如果下午还是毫无进展,回去将无法向老板交代。

尽管刚开始进行得不太顺利,但是他仍然不断地鼓励自己,精神抖擞地走进了另一栋办公楼。当他看到楼道上的灰尘很多时，突然灵机一动，没有直接去推销产品，而是去洗手间，往洒水器里装了一些水，将水洒在楼道里。十分神奇，经他这么一洒，原来很脏的楼道，一下变得干净起来。这一来，立即引起了主管办公楼的有关人士的兴趣，这一个下午，他就卖掉了十多台洒水器。

在做推销员的整个过程中，李嘉诚都十分注重分析和总结。他将香港分成几片儿，对各片儿的人员结构进行分析，了解哪片儿的潜在客户最多，便抽出大部分的时间专攻这些地区。短短的一年下来，李嘉诚一个人的业务量比公司所有的推销员业务量的总和还多。李嘉诚成功的事例印证了这样一句话："只要思想不滑坡，方法总比问题多。"

三菱经济研究所的所长町田一郎氏曾说："现在是用头脑思考，而不是用身体决胜负的时代。"

有些人则会说："我太忙了，连考虑的时间也没有！""以前的人也都是这么做啊！"这些人总爱找借口躲避工作中的困难。这种做法是极不可取的。工作中每个人都应当发挥自己最大的潜能，努力寻找更有效的方法而不是浪费时间去寻找借口。要知道，老板安排你这个职位是为了解决问题，而不是听你关于困难的分析和抱怨。

困境是工作如影随形的敌人。你是教师，也许会遇到不知道如何调动学生的积极性的难题；你是银行职员，也许发现琐碎的账目出现了错误，却不知问题在哪儿……

可是这个时候，你的上司正期待着你，关注着你。对于他来说，这是检验你的综合素质的好时机。你是否有高人一等的能力？你是否有勤奋的品质？你是否对公司忠心？你是只会抱怨还是自动自发并着手解决？你的所有优缺点将会暴露出来，如果你是一个胆怯、懦弱而且没有责任心的员工的话，在你选择放弃或者逃避的时候，你的老板已经暗下决心："放弃这个员工，他不行！"

把大问题分解成小目标

无论什么问题都是有解决方法的，做任何事情，无论多么困难，只要你能够做到分几步走，只要你能够把困难分解为一个个较易实现的目标，那么，再难的问题也会被一步步地解决。小目标的实现是大目标实现的前提，而大目标的实现是小目标实现后的结果。

在1984年日本东京国际马拉松邀请赛上，一位名不见经传的日本选手山田本一第一个冲过了终点线，获得了世界冠军。记者问他："您是靠怎样的锻炼才夺得今天胜利的？"他出人意料地说："我凭借智慧获得了第一。"

当时，大家认为山田本一只不过是偶然取得了第一名，对这句话也并没有太在意。因为马拉松比赛拼的就是体力和耐力。一个马拉松运动员，只有他身体素质好，又有耐性，才有可能获胜。爆发力和速度则在其次，如果说是用智慧取胜，那是闻所未闻。于是报纸上便善意地挖苦他。

然而，两年后的意大利国际马拉松邀请赛，山田本一代表日本参赛，结果又夺得了世界冠军。记者又问他取胜的经验，山田本一依然是那句话："我凭借智慧获得了世界第一。"这一次，报纸上没有再挖苦他了，但对他获胜的秘密依然不解。

10年后,大家心中对山田本一胜利秘诀的疑惑终于解开了。在其自传中,山田本一这样写道:"每次比赛前,我都会乘车把比赛的线路进行一次仔细的勘察,并把沿途比较醒目的标志画下来,例如第一个标志是一条小河,第二个标志是一棵大树,第三个标志是一座教堂……照这样的方法一直画到赛程的终点为止。到比赛开始的枪声一响,我便以百米的速度奋力地向第一个目标冲去,等到达第一个目标后,我又以同样的速度向第二个目标冲去。四十多公里的赛程,就被我分解成了这样的几十个小目标轻松地跑完了。刚开始时,我不懂得这样的道理,而是跟大家一样把目标定在了四十多公里外的终点线处的那面旗帜上,结果我跑到十几公里时就已经疲惫不堪了,原来我被前方那段望不到边的路程给吓倒了。"

许多困难乍一看像梦一般遥不可及,然而我们本着从零开始,点点滴滴去实现的决心,有效地将问题分解成许多板块,这将大大提升我们去攻克困难的信心和效率。

1968年春,罗伯·舒乐博士立志在加州用玻璃建造一座水晶大教堂,他向著名的设计师菲力普·詹森表达了自己的构想:

"我要的不是一座普通的教堂,我要在人间建造一座伊甸园。"

詹森问他的预算,舒乐博士坚定而坦率地说:"我现在一分钱也没有,所以100万美元与400万美元的预算对我来说没有区别,重要的是,这座教堂本身要具有足够的魅力来吸引人们捐款。"

教堂最终的预算为700万美元。700万美元对当时的舒乐博士来说是一个不仅超出了能力范围也超出了理解范围的数字。

当天夜里,舒乐博士拿出一页白纸,在最上面写上"700万美元",然后又写下了10行字:

1. 寻找1笔700万美元的捐款。

2. 寻找7笔100万美元的捐款。

3. 寻找14笔50万美元的捐款。

4. 寻找28笔25万美元的捐款。

5. 寻找70笔10万美元的捐款。

6. 寻找100笔7万美元的捐款。

7. 寻找140笔5万美元的捐款。

8. 寻找280笔2.5万美元的捐款。

9. 寻找700笔1万美元的捐款。

10. 卖掉1万扇窗户，每扇700美元。

60天后，舒乐博士用水晶大教堂奇特而美妙的模型打动了富商约翰·可林，他捐出了第一笔100万美元。

第65天，一位倾听了舒乐博士演讲的农民夫妻，捐出第二笔100万美元。

90天时，一位被舒乐博士孜孜以求精神所感动的陌生人，在生日的当天寄给舒乐博士一张100万美元的银行支票。

8个月后，一名捐款者对舒乐博士说："如果你的诚意和努力能筹到600万美元，剩下的100万美元由我来支付。"

第二年，舒乐博士以每扇500美元的价格请求美国人订购水晶大教堂的窗户，付款办法为每月50美元，10个月分期付清。6个月内，1万多扇窗户全部售出。

1980年9月，历时12年，可容纳10000多人的水晶大教堂竣工，这成为世界建筑史上的奇迹和经典，也成为世界各地前往加州的人必去瞻仰的胜景。

水晶大教堂最终造价为2000万美元，全部是舒乐博士一点一滴筹集而来的。

天下大事必做于易，你必须要有一种举重若轻的高效理念和方法，而目标分解法就是让你可以解决任何困难的方法。通过这种方法，你可以把工作中的困难分解成一个个较易实现的目标，然后全力以赴去实现它。这样，再难的问题也难不倒你了。

超越问题的水平线

身临其境有助于我们更加深刻地体会问题，但是如果将心智也束缚于问题当中，那么你永远也无法找到解决问题的办法。

所罗门王曾经判决过这样一个案件：两个母亲都声称自己是一个孩子的亲生母亲，为了揭穿其中一个冒名者的谎言，所罗门王建议说，不妨把孩子分成两半，这样，两位自称母亲的妇女就能各得一份。那位真正的母亲哀求所罗门王不要这样做，她宁可放弃自己的权益也不愿看到孩子遭此惨祸。谁是孩子真正的母亲很快就有了答案，这件棘手的案件得到了圆满解决。

如果不能超越案件本身，所罗门王定会被两个哭哭啼啼的妇人纠缠不清，当他站在比别人更高的水平上思考问题时，解决问题的方法就很快找到了。

如果你不想成为问题的一部分，那就要想办法成为这个问题解决方法的一部分。在找到方法之前，你首先应该明白一点，解决问题的方法必定比问题本身更高一筹。

美国华盛顿广场有一座宏伟的建筑，这就是杰弗逊纪念馆大厦。

这座大厦历经风雨沧桑，年久失修，表面斑驳陈旧，政府非常担心，派专家调查原因。

调查的最初结果认为侵蚀建筑物的是酸雨，但后来的研究表明，酸雨不至于造成那么大的危害，最后才发现原来是冲洗墙壁所含的清洁剂对建筑物有强烈的腐蚀作用，而该大厦墙壁每日被冲洗的次数大大多于其他建筑，因此腐蚀就更为严重。

问题是为什么要每天清洗呢？因为大厦被大量的鸟粪弄得很脏。为什么大厦有那么多鸟粪？因为大厦周围聚集了很多燕子。为什么燕子专爱聚集在这里？因为建筑物上有燕子爱吃的蜘蛛。为什么这里的蜘蛛特别多？因为墙上有蜘蛛最喜欢吃的飞虫。为什么这里的飞虫这么多？因为飞虫在这里繁殖得特别快。为什么飞虫在这里繁殖得特别快？因为这里的尘埃最适宜飞虫繁殖。为什么这里的尘埃最适宜飞虫繁殖？其原因并不在尘埃，而是尘埃在从窗子照射进来的强光作用下，形成了独特的刺激，致使飞虫繁殖加快，因而有大量的飞虫聚集在此，以超常的速度繁殖，于是给蜘蛛提供了丰盛的大餐。蜘蛛超常的聚集又吸引了成群结队的燕子流连忘返。燕子吃饱了，自然就地方便，给大厦留下了大量粪便……

因此，解决问题的最终方法是：拉上窗帘。结果，杰弗逊大厦至今完好。

可见，解决问题不仅要靠智慧，而且也要靠想象力，借助想象力的翅膀飞越问题所在的圈子，以一个更高更远的视角去审视问题，问题的答案自然就会水落石出。

非洲岛国毛里求斯大颅榄树绝处逢生，就是得益于科学家丰富的联想。在这个国家有两种特有的生物——渡渡鸟和大颅榄树，在16、17世纪的时候，由于欧洲人的入侵和射杀，使得渡渡鸟被杀绝了，而大颅榄树也开始逐渐减少，到了20世纪50年代，只剩下13棵。1981年，美国生态学家堪布尔来到毛里求斯研究这种树木，他测定大颅榄树的年轮时候发现，它的树龄是300年，而这一年，正是渡渡鸟灭绝300周年。这也就是说，渡渡鸟灭绝之时，也就是大颅榄树绝育之日。这个发现引起了堪布尔的兴趣，他找到了一只渡渡鸟的骨骸，伴有几颗大颅榄树的果实，这说明了渡渡鸟喜欢吃这种树的果实。

一个新的想法浮上了堪布尔的脑海，他认为渡渡鸟与种子发芽有莫大的关系，可惜渡渡鸟已经在世界上灭绝了，但堪布尔转而想到，像渡渡鸟那样不会飞的大鸟还有一种仍然没有灭绝，就是吐绶鸡。于是他让吐绶鸡吃下大颅榄树的果实，几天后，被消化了外边一层硬壳的种子排出体外，堪布尔将这些种子小心翼翼地种在苗圃里，不久之后，种子长出了绿油油的嫩芽，这种濒临灭绝的宝贵的树木终于绝处逢生了。

一个问题如果成了摆在你面前的障碍，你就很难正确地把握它。因为它已经占据了你的整个意识。只有将自己的心灵和智慧超越于问题之上，我们才可能找到解决问题的最好办法。

古希腊一位科研智者艾米特曾经说过，如果你总是站在和问题同一个水平面上，那么，你就没有办法来解决这个问题。一个人只有站在超越于问题的水平线之上，方能找到解决问题的正确方法。与问题站在同一水平线上的人，只能被问题束缚住手脚，纵有百般能耐，也难以施展。

要解决一个问题，就必须将你的意识提升到这个问题所在的水准之上，这样你才能成为一个真正解决问题的高手。

问题来了积极思考

每个人都希望自己成为老板心目中最善于解决问题的员工。实现这一点的唯一途径就是思考并解决挡在眼前的问题。当你真正开始着手解决眼前的问题时，问题就不再会像你想象的那样棘手。面对工作、生活中的种种问题，当你抱着积极的心态去处理时，这些问题只会让你积极地思考，这些问题在你的思考面前势必要低头。正是这样，你如果能努力地发现问题，并着力解决它，你会发现自己对事物的洞察力是那样的敏锐，同时，你还会发现自己永远拥有无穷的活力及解决问题的能力。

哲学上认为，任何事物都有两面性，我们遇到的挫折、困难也是如此。面对困难，强者会迎难而上，积极应对，把问题打败，变得更强。而弱者则只会被问题击倒。

有两个人在大海上漂泊，想找一块生存的地方。

他们首先到了一座无人居住的荒岛，岛上虫蛇遍地，处处都潜伏着危险，条件十分恶劣。

其中一个人说："我就在这了，这地方虽然现在差一点，但将来会是一个好地方。"几年之后，通过他的辛苦劳动，这个荒岛变成了乐园，他过上了富足快乐的生活。

而另一个人则不愿意在如此荒凉的孤岛上与虫蛇为伍，于是他继续漂泊，后来他终于找到一座漂亮干净的岛屿，岛上住了很多人家，他便留在这里给这些人家照顾花园，日子虽然悠闲，但不免有些贫苦。

其实生活给予每个人的都一样，有机会和挑战，也有困难与艰险，还有幸福和快乐。之所以人们从相同的生活环境中产生了不同的体验，其根源还在于人们对待生活的态度不同，而最终人们从生活中得到的东西也就各不相同。

如果我们以积极而非消极的态度，感恩而非抱怨的心态对待生活、迎接生活给予我们的一切，我们就会发现，所有的困苦和磨难都是我们成功道路上的台阶。如果没有生活给予我们的磨炼，我们就不会拥有坚强的意志、勇敢的品质和无穷的力量。

发明大王爱迪生说："我才不会沮丧，因为每一次错误的尝试都会把我往前更推进一步。"我们应当好好珍惜生活给予我们的所有机会，应当感谢每一次困境对于我们人生经历的丰富，应当学会在磨难中实现成长，应当认真经营那五味俱全的丰富人生。

积极面对问题，把问题当成朋友而不是敌人，可以让你更好地在问题和磨难中成长。有时候，积极地面对问题就好像是一种心理游戏。如果你想成功，就需要一定的心理强度，或者称之为心理力量。你必须每天通过练习以增加心理强度。这里有几个要点或许可以帮助你拥有解决问题的力量。

（1）对自己负责

你必须承认自己应该对目前的状况负责，你就是自己生活和事业上的老板。你能够控制自己思想与情绪的最有力的字眼是"我负责"。这一字眼会改善你的负面情绪，让你开始积极思考而非回应式的思考。卡耐基说过："不要为打翻的牛奶哭泣。"认识到这一点相当重要！

（2）把困难当成机会

问题虽然存在，然而明天太阳依然会升起。你要把困难和挫败视为珍贵的教训或者改进的机会，要拒绝让问题的阴影在心中挥之不去，或是把问题归咎于你个人的无能。乐观的人习惯用积极的方式解释问题，悲观的人会为问题作负面的解释。

（3）追求卓越，保持积极心态

下决心一定要把标准设定在卓越的程度，并且不断地全力以赴。告诉你自己："我配得上我所期待与向往的任何好事。"你和别人是一样的好，而且其他人可以得到的成就，你也可以得到。

（4）鼓励自己坚持到底

坚持通常会给你的生活带来很大的改变，也是你对自己的价值及能力的一种肯定。

（5）对问题心存感激

对问题心存感激，这种态度可以增加解决问题的回报。也就是说，当你确实对问题心存感激时，你就会得到更多值得感激的事物。一个心存感激的人会在他每天的生活当中看到美好的事物，而绝非只知道抱怨。对问题的思考给我们以希望，问题会为将来更大的成就奠定基础。

突破定势思维

在很久很久以前，人们都还赤着双脚走路。

有一位国王外出经过一个偏远的乡间，乡间的路面崎岖不平，而且有很多碎石头，刺得国王的脚又痛又麻。

回到王宫后,他下了一道命令:将国内的所有道路都铺上一层牛皮。他认为这样做,不只是为自己,还可以造福于他的人民,让大家走路时不再受刺痛之苦。

但即使杀尽国内所有的牛,也筹集不到足够的皮革。而所花费的金钱、动用的人力,更不知多少。虽然根本做不到,甚至还相当愚蠢,因为是国王的命令,大家也只能暗自感叹。

一位聪明的仆人大胆向国王提出建言:"国王啊!为什么您要劳师动众,杀死那么多牛,差遣那么多人,花费那么多金钱呢?您何不割两小片牛皮包住您的脚呢?而且所有的人都可以这样啊!"

国王听了很惊讶,仔细一想,立刻收回成命,采用了仆人的建议。于是,世界上就有了"皮鞋"这种东西。

这个典故反映出人们面对问题经常会出现的一种定势思维。人们的大脑中存在思维定势是一种很普遍的现象。据说,牛顿曾养了一大一小两只猫。一次,牛顿请瓦匠砌围墙,为了让猫进出方便,他要求瓦匠在墙上开一大一小两个猫洞,以便大猫进出大洞,小猫进出小洞。围墙砌好后,瓦匠却只开了一个大洞。牛顿很不满意。瓦匠解释说,小猫不是也可以从大洞进出吗?牛顿顿时恍然大悟。能从苹果落地的现象而发现万有引力定律的牛顿,也被定势思维开了一个小小的玩笑。

思维定势是我们解决问题的一个障碍,因此,面对问题时,我们一定要打破思维的惯性,跳出思维模型所造成的定势状态,去获得常规之外的东西。遇到问题时,一定要努力思考:在常规之外,是否还存在别的方法?是否还有别的解决问题的途径?……只有这样,才能抛弃旧的思维框框,粉碎思维定势,让思维变得更加灵活多样、敏捷准确,从而提高自己解决问题的能力。

南北战争时期，联邦军总指挥官格兰特将军攻打威克斯堡就是一个突破定势思维作战的好例子。在战前会议上，身穿褪色军装，头戴磨损的金线帽子的格兰特，一边研究着地图，一边聆听大家谈论威克斯堡。参谋们谁也揣摩不出长官的心里在琢磨什么，当格兰特对部下说出了他决定再次攻打威克斯堡的真实意图时，大多数人都反对，说他的计划太冒险了。他们说，格兰特的计划会毁掉北方打胜这场战争的全部可能性的。但是，格兰特还是出兵来到密西西比河西岸，从威克斯堡城前经过。他让部队在城南的一个地方乘上炮舰，渡过了河。部队在东岸登陆，在司令官的催促下，向东突进。为了闪电般袭击敌军，任何非必需的物品都不准携带。格兰特本人只带了一把梳子和一柄牙刷，没有替换的衣服，没有毯子，甚至没有坐骑。军队从威克斯堡南面向前进发。格兰特在城北的活动已经麻痹了南方军，他们不明白他在要塞南面登陆的用意。南方军指挥官慌忙南下，想摧毁格兰特的给养线，却发现根本没有什么给养线。因为格兰特违背了一条这样的基本作战原则：进攻部队的活动不能脱离掩护得很好的给养基地。他完全不受条条框框的约束，他以这片土地为生，一边前进，一边就地征集他所需要的食物和马匹。

这场战役的胜利，改变了南北双方力量的悬殊，是使北方走向胜利的转折点。

格兰特将军突破定势思维，打破传统的军事作战原则，命令部队轻装上阵，果断出击，将局限于定势思维，因循守旧的南方军队打了一个措手不及，为北方军队赢得了战场上的主动。商场如战场，这种突破定势思维，不拘形式的作战方式对于我们解决现实工作中的问题还是很有指导意义的。

法国作家贝尔纳说:"妨碍我们前进的最大障碍,并不是未知的东西,而是已知的东西。"

贝弗里奇在《科学研究的艺术》一书中,对此也作了深刻而中肯的论述:"几乎在所有的问题上,人脑有根据自己的经验、知识和偏见,而不是根据面前的佐证去作判断的强烈倾向。因此,人们是根据当时的看法来判断新设想的。"

不可否认,勤奋和韧性是解决问题的必要条件,但是除此之外,我们还应当运用自己的智慧,行动前积极思考,在行动之中及时调整用以实现目标的手段。你可以为自己写下这样的警句来激励自己去解决现实中的问题:"努力,努力,再努力!行动起来!"另外,你还应当再加上一句用以激励自己的话:"不要盲目地行动,要认真地思考。聪明地工作胜于拼命地工作!"

你要告诉自己:事情总会有其他选择。事情从来不会"非那样做不可",你可以突破定势思维选择更重要、更有效的,能证明自己的努力的途径,去达成工作目标。

发现问题的关键

在老板看来,一名称职员工最关键的素质是解决问题的能力,尤其是在紧要关头。正如一家知名的跨国集团总裁所说的那样:"通向最高管理层的最迅捷的途径,是主动承担别人都不愿意接手的工作,并在其中展示你出众的创造力和解决问题的能力。"

然而解决问题不能一味地靠决心和蛮力，最重要的还是要发现问题的关键。就像那个"钥匙圈"的故事说的，任意抽出一把钥匙，并问道："这是什么地方的钥匙？""开家门的。""它可以用来开你的汽车吗？""当然不行。""为什么不能用这把钥匙开车门呢？"答案显而易见，问题不在钥匙本身，而在你的选择和使用。解决问题也一样，最为紧要的是要找到解决问题的关键。

1793年，守卫土伦城的法国军队叛乱。叛军在英国军队的援助下，将土伦城护卫得像铜墙铁壁。前来平息这次叛乱的法国军队怎么也攻不下。土伦城四面环水，且有三面是深水区。

英国军舰就在水面上巡弋着，只要前来攻城的法军一靠近，就猛烈开火。法军的军舰远远不如英军的军舰，根本无计可施，法军指挥官急得团团转。

就在这时，在平息叛乱的队伍中，一位年仅24岁的炮兵上尉灵机一动，当即用鹅毛笔写下一张纸条，交给指挥官："将军阁下：请急调100艘巨型木舰，装上陆战用的火炮代替舰炮，拦腰轰击英国军舰。"

指挥官一看，连连称妙，赶快照办。

果然，这种"新式武器"一调来，英国舰艇无法阻挡。仅仅两天时间，原来把土伦城护卫得严严实实的英军舰艇就被轰得七零八落，不得不狼狈逃走，叛军见状，也很快缴械投降。

经历这一事件后，这位年轻的上尉被提升为炮兵准将。

你知道这位上尉是谁吗？他就是后来成为法国皇帝，威震世界的拿破仑。

和许多卓越的人一样，拿破仑的成功，在相当程度上是在关键的时候开动了脑筋，为指挥官找到了突破困难的方法。就这样，他才走上了一个新起点。他后来每一步的升迁，几乎都和他善于运用智慧突破困难的惯常做法有关。

在工作中，没有人不希望能最快、最有效地解决问题。但有的人能做到，有的人却做不到。这其中原因有很多，而是否懂得抓要点、抓根本是关键。

眉毛胡子一把抓，结果往往是事事着手，事事落空，即使事情能做成，也要付出很大的时间和精力。与此相反，有的人不管遇到多棘手的问题，都能够以最快的速度，抓住问题的要点，并采取相应的手段，这样，再棘手的问题也能很快解决。

一天，美国通用汽车公司客服部收到一封客户抱怨信，上面是这样写的：

"我们家有一个传统的习惯，就是我们每天在吃完晚餐后，都会以冰淇淋来当我们的饭后甜点。但自从最近我买了一部你们庞帝雅克车后，在我去买冰淇淋的这段路程上，问题就发生了。每当我买的冰淇淋是香草口味时，我从店里出来车子就发不动。但如果我买的是其他的口味，车子发动就顺得很。为什么？为什么？……"

很快，客服部派出一位工程师去查看究竟。当工程师去找写信的人时，对方刚好用完晚餐，准备去买今天的冰淇淋。结果，买好香草冰淇淋回到车上后，车子果然又发不动了。

这位工程师之后又依约来了三个晚上。

第一晚，巧克力冰淇淋，车子没事。

第二晚，草莓冰淇淋，车子也没事。

第三晚，香草冰淇淋，车子发不动。

这到底是怎么回事？工程师忙了好多天，依然没有找到解决的办法。工程师有点气馁，不知是不是该放弃，转而接受退车的现实。

神圣的职业使命感使工程师冷静下来，开始研究从头到现在所发生的种种详细资料，如时间、车子使用油的种类、车子开出及开回的时间……不久，工程师发现，买香草冰淇淋所花的时间比其他口味的要少。因为，香草冰淇淋是所有冰淇淋中最畅销的口味，店家为了让顾客每次都能很快的拿取，将香草口味特别分开陈列在单独的冰柜，并将冰柜放置在店铺的前端。

现在，工程师所要知道的疑问是，为什么这部车会因为从熄火到重新激活的时间较短时就会发不动？原因很清楚，绝对不是因为香草冰淇淋的关系，工程师很快找到了答案：应该是"蒸汽锁"。买其他口味的冰淇淋由于花费时间较多，引擎有足够的时间散热，重新发动时就没有太大的问题。但是买香草口味时，由于时间较短，引擎太热以至于还无法让"蒸汽锁"有足够的散热时间。

在这个事件中，购买香草冰淇淋有错吗？但购买香草冰淇淋确实和汽车故障存在着逻辑关系。问题的症结在一个小小的"蒸汽锁"上，这是一个很小的细节，而且这个细节被细心的工程师发现，从而找到了解决问题的关键。

把问题变成"转机"

工作中遇到问题不要惊慌，要冷静应对，这样，危机也许就会变成"转机"。

杰瑞是一家电子产品公司的业务主管。公司的产品不错，但知名度却很有限。

有一次，杰瑞坐飞机出差，不料在国外却遇到了意想不到的劫机。在度过惊心动魄的十个小时之后，问题终于解决了，他可以回家了。就在要走出机舱的一瞬间，他突然想到在电影中经常看到的情景：当被劫机的人从机舱走出来时，总会有不少记者前来采访。

为什么自己不利用这个机会宣传一下自己的公司形象呢？说干就干，杰瑞立即从箱子里找出一张大纸，在上面浓描重抹了一行大字："我是××公司的××，我和公司的××电子产品安然无恙，非常感谢抢救我们的人！"

他打着这样的牌子一出舱，立即就被电视台的镜头捕捉住了。杰瑞立刻成了这次劫机事件的明星，很多家新闻媒体都对他进行了采访报道。

他在机场别出心裁的举动，使得公司和产品的名字几乎在一瞬间家喻户晓了。公司的电话都快被打爆了，客户的订单更是一个接一个。等他回到公司的时候，公司的董事长和总经理带着所有的中层主管，都站在门口夹道欢迎他。董事长动情地说："没想到你在那样的情况下，首先想到的竟然是公司和产品。毫无疑问，你是最优秀的业务主管！"董事长当场宣读了对他的任命书：主管营销和公关的副总经理。之后，公司还奖励了他一笔丰厚的奖金。

杰瑞的故事，说明了一个道理：危机中蕴涵着转机，遇到问题不惊慌，沉着应对，就能够从中发现机会，把握问题可以利用的机会。

汤姆最初在一家食品店里卖水果。有一次，食品店贮藏水果的冷冻厂突然起火，虽扑救及时，但还是有18箱香蕉被火烤得有点发黄，而且香蕉皮上还沾了许多小黑点。

老板把这些香蕉交给汤姆，让他降价出售。

汤姆感到十分为难，但老板交代的任务又不得不完成，他只好硬着头皮将香蕉摆到了地摊上，拼命地吆喝起来。但人们来到摊前，看到香蕉的模样，都失望地走开了，任凭汤姆使出了浑身的解数，竭力解释，香蕉只是外表不好看，可吃起来绝对顶呱呱，仍是无济于事。一天下来，汤姆喊破了嗓子，却连一根香蕉也没卖出去。

晚上，汤姆对着香蕉出神。他仔细地检查了一遍香蕉，的确没有变质，虽说皮上有些黑点，但由于烟熏火烧的缘故，吃起来反而别有一番风味。于是，汤姆灵机一动，计上心来。

第二天，他又把香蕉摆了出来，依然是大声地吆喝，只是吆喝的内容与前一天大不相同："快来看呀，最新进口的阿根廷香蕉，正宗的南方水果，全城独此一家，数量有限，快来买呀！"

很快，摊前便围了一大群人。

"请问，您以前见过这样的香蕉吗？"汤姆问一位年轻的小姐，他注意到这位小姐已经在摊前转了半天了，只是还一时下不了决心。

"没见过。不过看上去倒挺有意思的。"小姐回答。

"您尝一根，我敢保证，您从来没有吃过这么好吃的香蕉。"汤姆说着，麻利地剥了一根香蕉，递到小姐的手里。

"嗯……确实有一种与众不同的味道。给我来十磅吧。"

开了这样一个好头，许多顾客便不再犹豫，纷纷掏钱购买。18箱香蕉很快以高出市价近一倍的价格被抢购一空。还有许多慕名前来购买"阿根廷香蕉"的人们不得不失望而归。

本来是一堆出现问题的香蕉，被汤姆这么一吆喝，变成了炙手可热的"阿根廷香蕉"，短时间内被抢购一空。可见，出现问题后是障碍还是机会，全在我们的一念之间。

第七章
全力以赴,保证完成任务

接受任务，尽最大努力去做

身为部属，怎样才能做好自己的工作，让老板满意和放心？答案是：接受任务并尽自己最大努力去做。

著名的巴顿将军在这方面就为我们树立了一个很好的典范。巴顿将军在他的回忆录中写道："1916年，正在美国驻墨西哥远征军司令部服役的我曾接到一个为豪斯将军送信的任务，当时我对豪斯将军的情况一无所知。我所了解的关于豪斯将军的情报只是说他已通过普罗维登西区牧场。天黑前我赶到了牧场，碰到第7骑兵团的骡马运输队。我要了两名士兵和三匹马，顺着这个连队的车辙前进。走了不多远，又碰到了第10骑兵团的一支侦察巡逻兵。他们告诉我们不要再往前走了，因为前面的树林里到处都是维利斯塔人。我没有听，沿着峡谷继续前进。途中遇到了另外一支侦察队，这支是由费洛将军领导的。他们劝我不要往前走了，因为峡谷里到处都是维利斯塔人。他们也不知道豪斯将军在哪里。但是我继续前进,最后终于找到了豪斯将军。"

和巴顿将军一样,威尔上校也是一个接到任务全力执行的人。威尔上校在第一次奉命去外地服役的时候,有一天连长派他到营部去办事,交代给他7件任务:要去见一些人,要请示上级一些事,还有些东西要申请,包括地图和醋酸盐(当时醋酸盐严重缺货)。威尔上校下定决心把7件任务都完成,虽然他并没有把握要怎么去做。果然事情并不顺利,问题就出在醋酸盐上。他滔滔不绝地向负责补给的中士说明理由,希望他能从仅有的存货中拨出一点。威尔上校一直缠着他,到最后不知道是被威尔上校说服了,相信醋酸盐确实有重要的用途,还是眼看没有其他办法能够摆脱威尔上校,中士终于给了他一些醋酸盐。威尔上校回去向连长复命的时候,连长并没多说话,但是很显然他有些意外,因为要在短时间里完成7件任务确实非常不容易。或者换句话说,即使威尔上校不能完成任务,也是可以找到借口的。但是威尔上校根本就没有想到去找借口,他心里根本就没有过失败的念头。

威尔上校和巴顿将军让我们看到了一种十分可贵的执行精神:接到任务全力以赴,想尽一切办法去执行,把结果而不是问题和借口留给上司。

IBM集团的前任总裁托马斯·沃森曾深有感触地说:"我最不喜欢听到属下在接受任务时说'NO',而只爱听他们说'YES'。每当有工作要交给属下处理时,我都希望属下愉快地接受,然后说一句'OK!我一定会尽快办好!'或者说'OK!我定会尽最大努力去做!'"

在IBM公司如此,在其他公司也一样。工作中每个人都会碰到上司布置任务的时候,这时,你往往会很自然地想到两个问题:第一,这是一件非常艰巨的任务,需要花费你很大的精力和时间,我能不能办?或者应该怎样去办?第二,向你布置任务的上司正在等待你表态，等待你给他一个明确的答复，你是尽自己最大努力去做呢，还是对上司说"不"？

你如果是个经验丰富的下级的话，此时你就应该知道如何做才能令上司满意。对第一个问题来讲，你不应考虑过多，不要过多地去想完成这项任务如何如何困难，更没有必要现在就担心我一旦完不成会如何等等。你要牢记事在人为的道理和有志者事竟成的箴言，你还要明白你的上司不是初次与你接触，他对你的能力和水平是了解的，对你能否完成任务，也是心中有数的。因此，你可以直接避开第一个问题，然后尽量用最短的时间来考虑第二个问题，用明确的态度回答："好的，我一定完成任务！"或"我会尽最大努力去做！"等等。这时，你的上司心里就会有一种满意感、踏实感，进而还会因为你能为他分担重任，对你产生谢意和更深的信任。

如果作为下属在接受任务时支支吾吾，犹豫不决，或者认为此项工作难度太大而反问上司怎样处理时，上司便会感到心中不快；与此同时，对你就会产生或多或少的不良印象，比如"缺乏自信心"、"不求上进"、"怕担责任"等等，你总是表现出在重要工作面前无能为力，能推就推，能躲就躲，上司无法信赖你，那么离上司请你另谋高就的日子就不远了。

一位在国内知名企业曾任职多年的人力资源主管这样说过："每一件工作都有难度，特别是重要的工作，难度更大，正因为如此，才需要人们去完成。试想，如果一个人，连接受工作的勇气都没有，他又怎能产生解决困难的信心呢？怎么能够圆满地完成它呢？而这样的人又怎么能够赢得上司的信任呢？"

在问题面前保持勇敢

在一个晴朗的下午，飞行员施特劳斯和他10岁的女儿玛丽一起登上了赛纳单引擎飞机，准备一起享受飞行的乐趣。飞机起飞后不久，他们就飞行在密歇根湖上空十英里的高空了。但是，这趟愉快的父女探险被一件突如其来的意外打断了——引擎熄火了。

这时，父亲转头看着女儿，用一种平静、让人放心的口吻说："亲爱的，引擎不动了。看来我得用不同的方式开这架飞机了。"

施特劳斯知道，一旦出现新挑战，或者现实条件改变，往往必须采取不同的策略。现实条件改变是如此，市场改变、人的改变也是如此。今天某种做法奏效，明天就不见得还管用，因此我们必须准备一整套应对的方案，以便在引擎意外失灵时派上用场。

为了重新发动引擎，他们需要具有更快的空中速度。因此，施特劳斯告诉女儿说，他将驾驶飞机向下坠落，同时会不断敲击机舱中的引擎点火开关，以尝试再次发动引擎。

接下来，父亲让飞机进入了俯冲状态，并拼命按着点火开关，可是情况依旧。飞机越来越接近水面。他说："玛丽，抓牢喽！我们再试一次吧。"他们又一次向下俯冲，随着飞机速度逐渐加快，父亲再次猛按开关，这次引擎终于发动了，先是发出了一点象征希望的响声，最后终于发出令人安心且熟悉的轰隆巨响。20分钟以后，他们安全着陆。施特劳斯，这位勇敢的父亲，转头看着他10岁的女儿，慈爱地轻轻拍着她的肩膀，说道："听好啦，小甜心，你爱做什么都行，就是别告诉你妈妈！"

这是一个对我们的现实生活极富启发性的故事。因为它为我们提供了一条处理问题和困难的有效方法：面对问题保持积极心态并采取实际行动。在面临新的状况时，施特劳斯并没有惊慌，而是以行动解决问题，如果他抗拒改变，把时间花在无谓的拖延、发牢骚与抱怨上，提出："天呐！我以前可从来没有碰到过这种情况呀！"或是"我们为什么会碰到这么倒霉的事？"的错误问题，结局可能就会大不一样了。

恐惧是人类的一种本能，特别是在面临危急情况的时候。即使再勇敢的人，也有畏惧的时候，著名的巴顿将军曾说过一句话："如果勇敢便是没有畏惧，那么我从来不曾见过一位勇敢的人。"虽然我们不能将恐惧心理从我们的身上消除，但是我们可以让自己从恐惧的情绪中挣脱出来，像施特劳斯那样，以一种轻松的心情和有效的行动来解决问题。

战胜恐惧的第一步，就是要鼓起勇气采取行动。一个伞兵教练曾说："跳伞本身真的很好玩，让人难受的只是'等待跳伞'的一刹那。在跳伞的人各就各位时，我让他们尽快度过这段时间。曾经不止一次，有人因幻想太多可能发生的事情而晕倒。如果不能鼓励他跳第二次，他就永远当不成伞兵了。跳伞的人拖得愈久愈害怕，就愈没有信心。"

同样，在做工作时，每个人心中都会或多或少的有些恐惧，但一名优秀的员工会鼓起勇气把恐惧转化为有效行动。行动能够抚平焦虑不安的情绪，提升人们的信心，当恐惧的想法转化成有力的行动之后，恐惧便会随之淡忘。

美国总统艾森豪威尔小时候有过这样一段经历：5岁的时候，有一次去叔叔家玩。叔叔的房子后面养了一对大鹅，结果公鹅一见他就一边怪叫着一边向他扑来。他哪儿受得了这种恐吓！于是他拼命跑开，向大人哭诉。

受了几次惊吓后，叔叔找了个旧扫帚交给他，然后指着大鹅对他说："你一定能战胜它！"

当鹅再次向他冲来时，他手里拿着扫帚，浑身不住地颤抖，猛然间他鼓足勇气大吼一声，挥起扫帚向鹅冲去。鹅掉头便跑，他紧追不舍，最后狠狠地给了鹅一下，鹅惨叫着逃跑了。从那以后，鹅只要一见他，就会远远地躲开。

从此，他懂得了一个道理：只要勇敢迎战，就能战胜对手。

一位哲学家曾经说过："恐惧是意志的地牢，它囚禁着你的思想和灵魂，让你身手自由却无法行动。"

每个人都会有恐惧，但勇敢的人能够用行动摆脱恐惧的困扰。所以，当恐惧的想法开始侵占你的思想领地的时候，你需要转变思想，用积极的心态和实际的行动来代替恐惧的情绪。

不为执行找借口

亚历山大年轻的时候就继承了马其顿王国，可这并不能满足他的野心。一次亚历山大因一场小型战争离开故乡，他的目光被一片肥沃的土地吸引，那里是波斯王国。于是他指挥士兵向波斯大军发起了进攻，并在一场又一场战斗中打败了对手。随后攻下的是埃及，埃及人将亚历山大视为神一般的人物。

卢克索神庙中的雕刻表明，亚历山大是埃及历史上第一位欧洲法老。为了抵达世界的尽头，他率领部队向东，进入一片未知的土地。二十多岁的时候，他就已经击败了阿富汗的地方头领。接着，他又很快对印度半岛上的王侯展开了猛烈进攻……在仅仅十多年的时间里，就建立起了一个面积超过200万平方英里的帝国。

亚历山大为什么会成功？为什么会成为历史上永远流传的英雄？原因就是他在任何情况下都不找借口，即使是条件不存在，他也毫不犹豫地去创造条件。没有人与生俱来就会表现能与不能，是你自己决定要以何种态度去对待问题。保持一颗积极、决不轻易放弃的心去面临各种困境，不要让借口成为你工作中的绊脚石。唯有这样你才能像亚历山大大帝那样攻无不克、战无不胜，成就非凡的事业。

费斯是美国橄榄球运动史上一位广受尊敬的教练，曾创造了一个又一个赛场上的奇迹。在他的带领下，美国绿湾橄榄球队成了美国橄榄球史上最令人佩服的球队，创造出了令人难以置信的成绩。看看费斯的言论，能从另一个方面让我们对执行力有更深刻的理解。

费斯告诉他的队员："我只要求一件事，就是胜利。如果不把目标定在非胜不可，那比赛就没有意义了。不管是打球、工作、思想，一切的一切，都应该'非胜不可'。""你要跟我工作，"他坚定地说，"你只可以想三件事：你自己、你的家庭和球队，按照这个先后次序。""比赛就是不顾一切。你要不顾一切拼命地向前冲。你不必理会任何事、任何人，接近得分线的时候，你更要不顾一切。没有东西可以阻挡你，就是战车或一堵墙，或者是对方有11个人，都不能阻挡你，你要冲过得分线！"正是有了这种坚强的意志和顽强的信心，绿湾橄榄球队的队员们才创造了一个又一个的奇迹。在比赛中，他们的脑海里除了胜利还是胜利。对他们而言，胜利就是目标，为了目标，他们奋勇向前，锲而不舍，没有抱怨，没有畏惧，没有退缩，没有借口，他们的行动就是执行精神的最佳体现。

一支球队、一个团队，或者是一名队员、员工，要完成上级交付的任务，就必须具有强有力的执行力。接受了任务就意味着作出了承诺，而完成不了自己的承诺是不应该找任何借口的。

不找借口是执行力的表现，这是一种很重要的思想，体现了一个人对自己的职责和使命的态度。思想影响态度，态度影响行动，一个不找借口的员工，肯定是一个执行力很强的员工。可以说，工作就是不找借口，不折不扣地去执行。一个不找借口，全心全力去执行任务的员工必定能够更好地完成自己的任务，在工作中受到提拔的也往往是这些人。

巴顿将军在自己的回忆录中曾写到这样一个细节："我要提拔人时常常把所有的候选人排到一起，给他们提一个我想要他们解决的问题。我说：'伙计们，我要在仓库后面挖一条战壕，8英尺长，3英尺宽，6英寸深。'我就告诉他们那么多。我要一个有窗户的仓库。候选人正在检查工具时，我走进仓库，通过窗户观察他们。我看到伙计们把锹和镐都放到仓库后面的地上。他们休息几分钟后开始议论我为什么要他们挖这么浅的战壕。他们有的说6英寸深还不够当火炮掩体。其他人争论说，这样的战壕太热或太冷。如果伙计们是军官，他们会抱怨他们不该干挖战壕这么普通的体力劳动。

"最后，有个伙计对别人下命令：'让我们把战壕挖好后离开这里吧。那个老畜生想用战壕干什么都没关系。'"

最后，巴顿写道："骂我那个伙计得到了提拔。我必须挑选不找任何借口地完成任务的人。"

任何公司都需要那些不找借口全力执行的人。有一句英国谚语是这样说的："如果你有自己系鞋带的能力，你就有上天摘星的机会！"让我们改变对借口的态度，把寻找借口的时间和精力用到努力工作中来。

寻找借口对于执行和问题的解决没有任何益处。习惯了寻找借口来为你掩饰之后，每当遇到困难，遇到不想去做的事时借口就像约好的客人如约而至。你的问题也是越积越多，你的激情也是越来越淡，最终你沦落到一个普普通通的人。在老板的心目中你也成了退缩、畏惧的典型。

你甘心成为这样的人吗？你想成为老板的得力助手吗？你想成为一个不把问题留给老板的员工吗？从今天起就要学会不再为自己的工作找借口。

用好团队的力量

一位资深的企业培训师曾说过"成功靠别人，胜利靠团队"，这话虽然有点激进，却突显了团队精神在执行任务过程中的重要性。

每年在美国NBA篮球大赛结束后，常会从各个优胜队中挑出最优秀的队员，组成一支"梦之队"赴各地比赛，以制造新一轮高潮，但结果总是令球迷失望——胜少负多。

其原因在于他们不是真正意义上的团队，虽然他们都是最顶尖的球星，但是，由于他们平时分属不同球队，无法培养团队精神，不能形成有效的团队出击。由此看来，团队并不是一群人的机械组合。一个真正的团队应该有一个共同的目标，其成员之间的行为相互依存，相互影响，并且能很好合作，追求集体的成功。在强调分工合作和团队精神的现代企业，要解决工作中的问题仅凭一己之力是不行的，一名员工，只有充分地融入到整个企业和整个市场的大环境中，他的才能才可以充分地发挥，才能够为企业创造最大的经济效益。

井深大刚进索尼公司时，索尼还是一个只有二十多人的小企业，但老板盛田昭夫却对他充满信心地说："我知道你是一个优秀的电子技术专家，就像好钢要用在刀刃上一样，我要把你安排在最重要的岗位上——由你来全权负责新产品的研发怎么样？希望你能发挥团队精神，充分地调动其他人。您这一步走好了，企业也就有希望了！"

"我？我还很不成熟，虽然我很愿意担此重任，但实在怕有负重托呀！"虽然井深大对自己的能力充满信心，但是他还是知道老板压给他的担子有多重——绝对不是靠一个人的力量能应付过来的。

"新的领域对每个人都是陌生的，关键在于你要和大家联起手来，这才是你的强势所在！众人的智慧合起来，还能有什么困难不能战胜呢？"盛田昭夫很自信地说。

井深大豁然开朗："对呀，我怎么光想自己？不是还有二十多名员工吗，为什么不虚心向他们求教，和他们一同奋斗呢？"

他找到市场部的同事一同探讨销路不畅的问题，他们告诉他："磁带录音机之所以不好销，一是太笨重，一台大约45公斤；二是价钱太贵，每台售价16万日元，一般人很难接受，半年也卖不出一台。您能不能往轻便和低廉上考虑？"井深大点头称是。

然后他又找到信息部的同事了解情况。信息部的人告诉他："目前美国已采用晶体管生产技术，不但大大降低了成本，而且非常轻便。我们建议您在这方面下工夫。"他回答："谢谢。我会朝着这方面努力的！"

在研制过程中，他又和生产第一线的工人团结合作，终于一同攻克了一道道难关，在1954年试制成功日本最早的晶体管收音机，并成功地推向市场。索尼公司由此开始了企业发展的新纪元。井深大就好像一个足球队的队长，在企业中充分地发挥了灵魂的作用，调动了每一个员工的积极性，把团队的力量发挥到了极致，终于取得了伟大的成就，圆满地完成了老板交代的任务，而他自己也荣升为索尼公司的副总裁。

现代企业不需要罗宾汉式的独行侠，而是需要能够与其他成员精诚合作，共同进退的员工。一个人如果善于同别人合作，即使自己能力上有欠缺，也可以取长补短，顺利完成任务。相反，如果一个人的能力很强，但是不注重与其他成员之间的合作，就不能保证任务顺利完成。

安妮和琼斯同在一家传媒公司的广告部工作，有一天，经理罗伯特分别交给她们一项开发大客户的任务，由于她们的任务都比较艰巨，所以在她们离开经理办公室时，罗伯特特意叮嘱她们："如果有什么需要帮忙的话可以打电话直接找我，同时要注意和其他部门的协调。"

安妮的业务能力一向很强，她在广告部的业绩也经常名列前茅，她也常常因此感到骄傲，有时候同事们甚至觉得安妮已经骄傲得过了头。离开办公室后，安妮心想："罗伯特有什么能力，他只不过比我早到公司几年罢了，我解决不了的问题恐怕拿到他那里更没办法解决，再说了开发大客户的任务怎么和其他部门协调，其他部门怎么懂得这种事。凭我自己的能力和智慧一定会完成这项任务的。"

琼斯一向谦虚好学,她的业务能力略逊安妮一筹,不过在团结同事和谦虚学习方面安妮就大不如她了。走出经理办公室以后,琼斯就直接到公司企划部和售后服务部向大家打了一声招呼:"过几天我可能有一些问题要向大家请教,同时也需要大家的合作,我先在这里谢谢大家了。"琼斯同时也想,安妮一向骄傲,但如果自己要想实现业务能力的提高就必须向她多学习;不到万不得已的时候不会麻烦罗伯特先生,但在客户沟通等方面自己确实需要罗伯特先生的鼎力支持。

这次的任务确实比以前艰巨得多,通过向安妮和罗伯特先生的学习,以及公司其他部门的配合,琼斯的任务超额完成了,她为公司带来了好几笔大生意,当然公司也给了她优厚的奖励,而且还让她和其他部门的优秀员工一起到新马泰免费旅游。而安妮也联系到了一些大客户,但因为她向企划部交代的事项不清楚,导致客户要的方案不够详细,有些客户选择了其他公司,有些客户则因为没有得到更多的服务承诺而离开了,还有一些客户觉得安妮的公司不够重视他们,因为他们从来没有见过更高层的管理者和他们交涉。"这些大客户真是越来越难对付了。"安妮无可奈何地想,最后她只能联系一些小客户以补偿自己在这次任务中的损失。公司也因为没得到那些本该属于自己的大客户而比竞争对手少了更多的利润。

琼斯和安妮的故事告诉我们这样一个道理,要完成老板交代的任务,就要注重和其他同事和各个部门的合作,单凭个人能力单打独斗是行不通的。

保罗·盖蒂说:"我宁可用100个人每人百分之一的努力来获得成功,也不要用我一个人百分之百的努力来获得成功。"在竞争激烈的年代,组织中的每个成员,若想顺利完成上级交代的任务,想获得成功,首先就要想方设法尽快融入一个团队,了解并熟悉这个团队的文化和规章制度,接受并认同这个团队的价值观念,在团队中找到自己的位置和职责。

做好准备工作

第二次世界大战期间,具有决定性意义的诺曼底登陆是十分成功的。为什么那么成功呢?就因为美英联军在登陆之前做了充分的准备。他们演练了很多次,他们不断演练,演练登陆的最终地点、时间以及一切登陆需要做的事情。最后真正登陆的时候已经胜券在握,登陆的时间与计划的时间只相差几秒钟。这就是准备的力量。

机会对每个人来说都是公平的,但它更垂青于有准备的人。因为机会的资源是有限的,给一个没有准备的人是在浪费时间,而给一个准备工作做得非常好的人则是在合理利用资源。

在工作中我们只有准备充分,才能把自己的工作做好。准备工作做得越充分的人,成功的可能性就越大,我们常说:养兵千日,用兵一时,也是一种准备哲学。

二次大战后的英国,食用油严重匮乏,因此英国人难得有油煎鱼和炸土豆。那时,有一位政府官员坐飞机视察了当时英国的非洲殖民地坦噶尼喀,认为那是种花生最理想的地方。政府听到他的建议,便兴冲冲地投资6000万美元,要在那片非洲的灌木丛中开垦出1300万公顷的土地种花生。

可是哪里知道，当地的灌木坚硬无比，大部分的开荒设备一碰就坏。花了很大工夫才开出了原计划1/10的土地。英国人除掉了一种野草，后来才知道那野草是能保持土壤养分的，失掉它就破坏了生态平衡。光秃秃的新土或被风刮走，或被烈日灼烤而丧失养分。

原计划在这片新垦地上一年要生产60万吨花生，可是到头来总共只收获了9000吨。人们见势不妙，又改种大豆、烟叶、棉花、向日葵等，可是在那片"驯化"的非洲土地上，这些作物竟无一扎得下根。英国于1964年终止了此项计划，损失8000多万美元，每粒花生米的成本达一美元。

准备工作中的疏忽，让英国政府付出了沉重的代价。所谓"差之毫厘，谬以千里"，学会在准备上下工夫，才能将自己的工作做好。

被称为"上帝第二"的前葡萄牙波尔图足球队的主教练穆里尼奥说过一句很著名的话："当准备的习惯成为你身体的一部分时，它就会永远在那里，并帮助你取得令人惊讶的胜利。"英格兰国脚莱斯·费南德这样评价他："我从来没有遇到像他这样的人，对工作、对胜利是如此痴迷。"

没错，准备使他成为"魔鬼"，也正是准备使他成为"上帝第二"，当然，还使他成了世界上薪水最高的足球教练。

穆里尼奥曾担任葡萄牙球队波尔图的主教练，率领球队征战欧洲冠军联赛时，几乎没有人相信他们能杀入决赛，更别提拿到冠军了。但结果却使所有人都大跌眼镜，这个从队员到主教练都是默默无闻的俱乐部，竟然得到了欧洲足球的最高荣誉。

确实，波尔图的队员和皇马、米兰等大牌球队的球星相比，无论在名气上还是实力上都相差悬殊；当时的穆里尼奥本人和马加特、扎切罗尼等知名教练相比也不可同日而语。但穆里尼奥却有一个胜利的武器：对准备工作超乎寻常地重视。穆里尼奥几乎观看了所有对手最近的每一场比赛，可以说，每一个对手的技术特点、战术风格、最近的状态等，他都了如指掌。

甚至对比赛当天的天气、场地草皮的状况，他都进行了详细的了解并制定了相应的对策。在决赛当天，他使用的团队阵型、战术打法都直指对方的软肋，就像他夺冠后所说的那样："如果大家知道我们为了取得胜利而研究了多少场比赛，准备了多少资料，筹划了多少方案，你们就会认为这个冠军我们当之无愧。"

当时，有相当多的人认为穆里尼奥的成功只是运气好，再加上那些大牌球队在对待无名球队时缺少重视和兴奋感，才让他捡到了一个冠军。其实，穆里尼奥的胜利是必然的，因为他的准备工作比任何人都充分，正是因为对准备超乎寻常地重视，才使他站到了欧洲足球之巅。

功成名就的穆里尼奥在夺冠的第二年来到了英超球队切尔西，这里汇集了很多世界级的大牌球员。当穆里尼奥和这些队员第一次见面的时候，他所做的第一件事是打开随身携带的笔记本电脑，开始如数家珍地介绍这些球员：从技术风格、进球数、身高体重，甚至详细到哪些进球是左脚打进的、哪些是右脚打进的，他都了如指掌。穆里尼奥的这一举动一下子就震住了这些球星。不过，这只是开始，他们更没有想到的是，主教练这种近乎完美的准备工作会使他们在后面的比赛中取得一个又一个胜利。

在穆里尼奥的带领下，切尔西队不管是在国内联赛还是在欧洲冠军联赛，都取得了一连串的胜利。穆里尼奥出名了，但他在赢得别人尊重的同时，又被许多对手厌恶。喜欢他的人称他为"上帝第二"，讨厌他的人却称呼他"魔鬼"。

现在，不管是欣赏他还是厌恶他的人，都开始研究穆里尼奥，他们总结了很多条，比如，善于用人、阵型选择合理、自信等。遗憾的是，却很少有人领会到穆里尼奥成功的真正原因——准备。

这是为什么呢？原因就在于，准备太重要，但也太平常了。

我们大家几乎每天都生活在准备之中，所以，反而对它的重要性视而不见。提起准备，也许有人会说准备没有什么了不起，但就是这不起眼的准备，却能造就神奇的成功，反之也能造成痛苦的失败。

坚持到底，决不轻言放弃

"坚持到底，决不轻言放弃"从来不是一句唬人的空话。然而有趣的是，在这方面，孩子们似乎比成年人更在行。孩子们可以为一粒想吃到口的糖果而执著行动，不达目的誓不罢休，而成年人却时常对实现自己的理想感到无计可施。

美国华盛顿山的一块岩石上立着一个标牌，告诉后来的登山者，那里曾经是一个女登山者死去的地方。她当时正在寻觅庇护所"登山小屋"，而这个地方只距离她倒下的位置一百步而已。如果她能多坚持一百步，就能活下来。这个事例提醒人们，倒下之前再坚持一会儿！

胜利者，往往是能比别人多坚持哪怕只有一分钟的人。即使精力已经耗尽，人们仍然还会有一点点残存的能量，用那一点点能量支撑下来的人就是最后的成功者。

彼得曾经是一家报社的职员。他刚到报社当广告业务员时，对自己充满了信心。他甚至向经理提出不要薪水，只按广告费抽取佣金。经理答应了他的要求。

开始工作后，彼得满怀激情地列出一份名单，准备去拜访一些特别而且重要的客户，公司其他业务员都认为想要争取这些客户简直是天方夜谭。在拜访这些客户前，彼得把自己关在屋里，站在镜子前，把名单上的客户念了10遍，然后对自己说："在本月之前，你们将向我购买广告版面。"

之后，他怀着坚定的信心去拜访客户。第一天，他以自己的努力和智慧与20个"不可能的"客户中的3个谈成了交易；在第一周的其余几天，他又成交了两笔交易；到第一个月的月底，20个客户只有一个尚未买他的广告。

尽管取得了令人意想不到的成绩，但彼得依然锲而不舍，坚持要把最后一个客户也争取过来。第二个月，彼得没有去发掘新客户，每天早晨，那个拒绝买他广告的客户的商店一开门，他就进去劝说这个商人做广告。而每天早上，这位商人都回答说："不！"

每一次彼得都假装没听到，然后继续前去拜访。到那个月的最后一天，对彼得已经连着说了二十多天"不"的商人口气缓和了些："你已经浪费了一个月的时间来请求我买你的广告了，我现在想知道的是，你为何要坚持这样做。"

彼得说："我并没浪费时间，我在上学，而你就是我的老师，我一直在训练自己在逆境中的坚持精神。"那位商人点点头，接着彼得的话说："我也要向你承认，我也等于在上学，而你就是我的老师。你已经教会了我坚持到底这一课，对我来说，这比金钱更有价值。为了向你表示我的感激，我要买一个广告版面，当做我付给你的学费。"

彼得完全凭借自己在挫折中的坚持精神达到了目标，并且为公司赚取了高额的利润，成为公司不可或缺的"资产"。

许多人之所以无法取得成功，不是因为他们能力不够、热情不足，而是缺乏一种坚持不懈的精神。他们做事往往虎头蛇尾、有始无终，做事的过程也是东拼西凑、草草了事。

他们对自己的目标容易产生怀疑，行动也始终处于犹豫不决之中。譬如他们看准了一项事业，充满了热情做下去，但刚做到一半又觉得另一件事情更有前途。他们时而信心百倍，时而又低落沮丧。这种人也许能短时间取得一些成就，但是，从长远来看，最终一定还是失败者。在这个世界上，没有一个遇事迟疑不决、优柔寡断的人能够获得真正的成功。

开始一件事情，需要的是决心与热诚；而完成一份工作，需要的却是恒心与毅力。 缺少热诚，事情无法启动；只有热诚而无恒心与毅力，工作也不能完成。

在日常工作中，每个人都有一些未完成的工作——未达标的销售额，没开发的潜在客户等等。请将它们找出来整理整理，静下心来继续完成它们。你会发现，一旦把它完成，你会觉得非常快乐。许多事情并非我们无法去做，而是我们不愿意继续做。多付出一分心力和时间，就会发现自己其实有许多潜在的能量。

过程固然重要，但直接为企业创造利润的只有员工的业绩，而不是悬而未决的问题。

坚持不懈，将任务执行到底你就能够实现业绩，赢得老板的青睐，取得事业上的成功。

第八章
用效率提升工作价值

要事第一

集中精力在最重要的事情上,是很多成功人士所奉行的重要准则,同时,也是我们高效完成工作,不把问题留给老板的一个重要前提。

遍布全美的都市服务公司创始人亨利·杜赫提说过,人有两种能力是千金难求的无价之宝——一是思考能力,二是分清事情的轻重缓急,并妥当处理的能力。

白手起家的查理德·洛曼经过12年的努力后,被提升为派索公司总裁,年薪10万,另有上百万其他收入。他把成功归功于杜赫提谈到的两种能力,他说:"就记忆所及,我每天早晨5点起床,因为这一时刻我的思考力最好。我计划当天要做的事,并按事情的轻重缓急作好安排。"

弗兰克·贝格特是全美最成功的保险推销员之一,每天早晨还不到5点钟，便把当天要做的事安排好了——是在前一个晚上预备的——他定下每天要做的保险数额，如果没有完成，便加到第二天的数额，以后依此推算。

长期的经验告诉我们，没有人能永远按照事情的轻重程度去做事。但是**你要知道，按部就班地做事，总比想到什么就做什么要好得多。**

著名的效率管理专家伯恩·崔西曾做过这么一个试验：在一次演讲中，伯恩·崔西拿出了一个4.5升的广口瓶放在桌上。随后，他取出一堆拳头大小的石块，把它们一块块地放进瓶子里，直到石块高出瓶口再也放不下为止。

伯恩·崔西："瓶子满了吗？"

所有的学生应道："满了。"

伯恩·崔西反问："真的？"说着他从桌下取出一桶砾石，倒了一些进去，并敲击瓶壁使砾石填满石块间的间隙。

"现在瓶子满了吗？"

这一次学生有些明白了。"可能还没有。"一位学生低声应道。

"很好！"

伯恩·崔西伸手从桌下又拿出一桶沙子，把它慢慢倒进瓶子。沙子填满了石块的所有间隙。他又一次问学生："瓶子满了吗？"

"没满！"学生们大声说。

然后伯恩·崔西拿过一壶水倒进瓶子，直到水面与瓶口齐平。他望着学生，"这个例子说明了什么？"

一个学生举手发言："它告诉我们：无论你的时间表多么紧凑，如果你真的再加把劲，你还可以干更多的事！"

"不，那还不是它真正的寓意所在。"伯恩·崔西说，"这个例子告诉我们,如果你不先把大石块放进瓶子里,那么你就再也无法把它们放进去了。"

在这时"大石块"是一个形象逼真的比喻,它就像我们工作中遇到的事情一样,在这些事情中有的非常重要,有的却可做可不做。如果我们分不清事情的轻重缓急,把精力分散在微不足道的事情上,那么重要的工作就很难完成。

我们每个人每天面对的事情,按照轻重缓急的程度,可以分为以下4个层次,即重要且紧迫的事,重要但不紧迫的事,紧迫但不重要的事,不紧迫也不重要的事。

(1) 重要而且紧迫的事情

这类事情是你最重要的事情,是你的当务之急,有的是实现你的事业和目标的关键环节,有的则和你的生活息息相关,它们比其他任何一件事情都值得优先去做。只有它们都得到合理高效地解决,你才有可能顺利地进行工作。

(2) 重要但不紧迫的事情

这种事情要求我们具有更多的主动性、积极性和自觉性。从一个人对这种事情处理的好坏,可以看出这个人对事业目标和进程的判断能力,因为我们生活中大多数真正重要的事情都不一定是紧急的。比如读几本有用的书、休闲娱乐、培养感情、节制饮食、锻炼身体。这些事情重要吗?当然,它们会影响我们的健康、事业还有家庭关系。但是它们急迫吗?不。所以很多时候这些事情我们都可以拖延下去,并且似乎可以一直拖延下去,直到我们后悔当初为什么没有重视。

（3）紧迫但不重要的事情

紧迫但不重要的事情在我们的生活中十分常见。例如，本来你已经洗漱停当准备休息，好养足精神明天去图书馆看书时，忽然电话响起，你的朋友邀请你现在去泡吧聊天。你就是没有足够的勇气回绝他们，你不想让你的朋友们失望。然后你去了，次日清晨回家后，你头昏脑涨，一个白天都昏昏沉沉的。你被别人的事情牵着走了，而你认为重要的事情却没有做，这或许会造成你很长时间都比较被动。

（4）既不紧迫又不重要的事情

很多这样的事情会在我们的生活中出现，它们或许有一点价值，但如果我们毫无节制地沉溺于此，我们就是在浪费大量宝贵的时间。比如，我们吃完饭就坐下看电视，却常常不知道想看什么和后面要播什么，只是被动地接受电视发出的信息。往往在看完电视后觉得不如去读几本书，甚至不如去跑跑健身车，那么刚才我们所做的就是浪费时间。其实你要注意的话，很多时候我们花在电视上的时间都是被浪费掉了。

我们可以按照上述的分类，将重要而且紧迫的事情定为A类，将重要但不紧迫的事情定为B类，紧迫但不重要的事情定为C类，既不紧迫又不重要的事情定为D类，在实际工作中，我们应该先干重要的事，即A类事情，这一类事情做得越多，我们的工作效率就越高。

做好时间管理

时间管理是现代人必备的一项工作技能，是提高一个人工作效率最有效的武器。一个人工作是否有效率，是否能够圆满完成任务让老板满意，在很大程度上取决于他是否能够合理地管理和利用好自己的时间，在最少的时间内做好更多的事。

你也许会对社会上那些著名的企业家、政治家感到怀疑，他们每天有那么多事情要处理，却还能将自己的时间安排得有条不紊。不但能阅读自己喜欢的书籍，以休闲娱乐来调剂身心，并且还有时间带着全家出国旅行，难道他们一天不是24小时吗？正确答案是他们比别人更善于利用时间，并将它有效运用。

美国一家权威机构曾对2000名职业经理人作过调查研究，结果发现凡是成绩优异的经理都可以非常合理地利用时间，让时间消耗降到最低限度。

一名美国著名保险推销员弗兰克·贝格特自创了"一分钟守则"，他要求客户给予一分钟的时间，介绍自己的工作服务项目。一分钟一到，他自动停止自己的话题，谢谢对方给予他一分钟的时间。由于他遵守自己的"一分钟服务"，所以在一天的时间经营中，几乎和自己的业绩成正比。"一分钟时间到了，我说完了！"信守一分钟，既保住了自己的尊严，也没有减少别人对自己的兴趣，而且还让对方珍惜他这一分钟的服务。

某公司的老板为了提高开会的质量买了一个闹钟,开会时每个人只准发言8分钟,这个措施不但使开会有效率,也让员工分外珍惜开会的时间,把握发言时间。

时间对于每个人来讲都是公平的。要想在自己的工作中取得良好的成绩,按时保质地完成任务,就应当充分利用每一分钟的价值,做好自己的时间管理。下面有几个在工作中善用时间的小例子,供你参考。

王强是一个保险公司的职员,他每天都开车外出拉保险业务,他非常善用空当时间,即使在等红绿灯或塞车时,他也会拿出客人的有关资料看一看,以加深印象。

一名叫张静的总裁助理也是如此,她在车里放了一把拆信刀,每次开车时都带着一叠信件,利用等红绿灯的时间看信。张静认为反正15%都是垃圾信件,不如在自己到达办公室前进行一番筛选。所以一进办公室,她的第一件事就是立即扔掉垃圾信件。

董林是一家顾问公司的业务经理,一年大约能够接下100个案子,因此有很多时间是在飞机上度过的。她认为和客户维持良好的关系非常重要,所以她常常利用坐飞机的时间写短笺给他们:一次,一位同机的旅客在等候领行李时和她攀谈起来:"我早就在飞机上注意到你,在2小时48分钟里,你一直在写短笺,我敢说你的老板一定以你为荣。"董林笑着说:"我只是有效利用时间,不想让时间白白浪费而已。"

成功的职场人士,都是有效利用时间,珍惜时间的人,他们使每一分钟都具有价值。这样的人是高效率的人,当然,他们也不会将一大堆的工作问题留给老板处理。

有人也许会说，时间管理只是一种形式而已，再怎么管理，不就是那24小时吗？其实，这是对时间管理的一种误解。时间管理主要是通过这样的工作方法，避免不必要的时间浪费，从而提高时间利用率，当你的时间利用率提高了，你每天能做的事情多了，不就是多出了几个小时吗？

某部门主管因患心脏病，遵照医生嘱咐每天只上班三四个小时。他很惊奇地发现，这三四个小时所做的事在质和量方面与以往每天花费八九个钟头所做的事几乎没有两样。他所能提供的唯一解释便是：他的工作时间既然被迫缩短，他只好作出最合理有效的时间安排。这或许是他得以维护工作效能与提高工作效率的主要原因。

由此可见，做好时间管理，合理利用自己的时间，是提高工作效率，提升工作价值的重要方法。那么，我们应当怎样管理好自己的时间，使自己能够把工作做得更好呢？

（1）把握时机

机不可失，时不再来，抓紧时间，可以创造机会。没有机会的人，往往都是任由时间流逝的人。很多时候，机会对每一个人都是均等的，行动快的人得到了它，行动慢的人错过了它。所以，要抓住机会，就必须与时间赛跑！

（2）合理安排好自己的时间

有许多职场中人，整日"两眼一睁，忙到熄灯"，可还是感到时间紧迫，不够用。他们精疲力竭，来去匆匆，却总是不能从容自如，甚至不能按期交付工作。要想赢得老板的赏识，不把问题留给老板，我们就要学会合理安排自己的时间，抓住关键，掌握工作重点。

(3)用好零碎的时间

争取时间的唯一方法是善用时间。把零碎时间用来从事零碎的工作，从而最大限度地提高工作效率。比如在车上时，在等待时，可用于学习，用于思考，用于简短地计划下一个行动等等。充分利用零碎时间，短期内也许没有什么明显的效果，但经年累月，将会有惊人的成效。

(4)利用"神奇的三小时"

被人们称为时间管理大师的哈林·史密斯曾经提出过"神奇三小时"的概念，他鼓励人们自觉地早睡早起，每天早上5点起床，这样可以比别人更早展开新的一天，在时间上就能跑到别人的前面。利用每天早上5～8点的"神奇的三小时"，你可以不受任何人和事的干扰，做一些自己想做的事。每天早起三小时就是在与时间赛跑，养成早起的习惯，以后你会受益无穷。

(5)在更少的时间内做更多的事

人们不论干什么事情，都要讲求效率，效率高者，事半功倍；反之，则事倍而功半。

哈林·史密斯认为提高时间利用率，让时间增效是做好时间管理的重要方法。"工作中，经过不断的失败，我逐步发现，如何在同样的时间内做更多的事情，这是值得每一位希望有效管理时间的人认真思考的问题，因为只有这样才能使自己获得更多的时间，也才能遇上更多的机遇。"

简化工作

通用电气公司的前任CEO杰克·韦尔奇认为,最简单的方法就是最好的方法。曾任苹果公司总裁的约翰·斯卡利说过:"未来属于简单思考的人。"如何在复杂多变的环境中采取简单有效的手段和措施去解决问题,是每一个渴望快速高效地解决问题的员工都应当认真思考的问题。

1994年2月,美国国家银行发展部的主管吉姆·沙利和汉斯·贝勒召集下属开会,会议的议题是改善领导层、员工和客户之间的沟通与联系方式,最终目标是使美国国家银行成为世界上最大的银行之一。

为期两天的会议结束之际,墙上挂满了草案、图表和灵光闪现的新主意。总结的时刻到了,汉斯拿着记录本站了起来。

"我们要说的就是这些,"汉斯举着记录本说,"简单就是力量。"他在白板上写下这几个红色大字后,结束了自己的总结。

汉斯抓住了我们提升工作效率的一个关键。无论做什么事情,我们都应当树立这样一个信念:简单就是力量。

简化工作是一种提升工作效率的重要方法。它可以帮我们把握工作的重点,集中精力做最重要或最紧急的工作。在高强度的工作条件之下,我们如果不能理清思路,以复杂问题简单化的思路来开展工作,有针对性地解决重点问题,最初制定的各项目标就难以实现。

下面是一些国内外知名的效率专家所提出的一系列最实用的简化工作的原则和方法,希望能够为你的工作带来一些积极有益的启示:

（1）恪守简单原则，将简单观念贯穿于工作的过程中

调查显示，成功企业的优秀业绩很多归因于对简单原则的严格遵守：确立简单、现实的目标，通过简单的结构和简便快捷的程序实现目标。

（2）清楚了解工作的目标与要求，可避免重复作业，从而减少发生错误的机会

通常的情况是，你不知道自己应该做什么，工作的目标对你的工作会有什么样的影响？这个目标对你的意义是什么？当你搞清了以上问题后，再开始工作。

（3）懂得拒绝别人，不让额外的要求扰乱自己的工作进度

对比较熟识的同事、朋友，或者完全不相识的人，可以直截了当地拒绝不合理的要求，不需要理由；对客户或者不太熟识的同事，要采取间接、委婉的方法拒绝不合理的要求。要考虑如何合理地相互帮助，才能维持更好的关系，建立未来合作的基础。

（4）主动提醒上级将工作排定优先级，可大幅度减轻工作负担

你的上级无暇了解你工作的状况，你应以公司效益为重，将上级交代的任务分出优先级，并向上级汇报。既可以将重要的工作花更多的精力去做，又可以将紧急的工作优先做。

（5）报告时要有自己的观点，只需少量但足够的信息

写文件、报告应内容精简，切中要点，最重要的是能够促使大家快速地作出决策。这是每一家企业都需要的。

（6）过滤电子邮件，回邮精练

有效过滤电子邮件，让自己的注意力集中在最重要的信息上；电子邮件内容要尽量使要点突出、语言简练，节省写邮件的时间，并增

加对方响应的机会。

（7）当没有沟通的可能时，不要浪费时间

当完全没有沟通的可能时，就不必再浪费时间和精力。

（8）先为企业奉献，取得信任，再争取资源

当你能为公司创造效益，并为公司作出了贡献时，自然能取得大家的信任，获得资源，从而为企业提供更多的价值。不想"付出"，只想"索取"，往往使工作和沟通变得很复杂。

（9）专注于工作本身

专注于工作本身，而不是绩效考核的名目，才能真正有好的表现。

（10）做事从简单的地方入手

查斯特·菲尔德博士说："从一个易于成功的对象开始，成功就显得容易了。"同样，在工作中我们也应当从最简单，最容易把握的地方做起，这样才能够将问题顺利解决。

第一次就把事情做对

在我们的工作中经常会出现这样的现象：

——5％的人并不是在工作，而是在制造问题，无事生非，他们是在破坏性地工作。

——10％的人正在等待着什么，他们永远在等待、拖延，什么都不想做。

——20％的人正在为增加库存而工作，他们是在没有目标地工作。

——10％的人没有对公司作出贡献，他们是"盲做"、"蛮做"，虽然也在工作，却是在进行负效劳动。

——40％的人正在按照低效的标准或方法工作，他们虽然努力，却没有掌握正确有效的工作方法。

——只有15％的人属于正常范围，但绩效仍然不高，仍需要进一步提高工作质量。

由此可见，有大部分的员工不是在解决问题，而是在制造问题。我们要做好自己的工作，不把问题留给老板，就应当树立起"第一次就把事情做对"的做事理念。在我们执行工作的过程中，"第一次就把事情做对"是一个应该引起足够重视的理念。如果这件事情是有意义的，现在具备了把它做对的条件，为什么不现在就把它做对呢？

如果你到华晨金杯汽车有限公司进行参观，首先映入眼中的就是悬在车间门口的条幅——第一次就把事情做对。

第一次就把事情做对（Do It Right The First Time简称DIRFT）是著名管理学家克劳士比"零缺陷"理论的精髓之一。第一次就做对是最便宜的经营之道！第一次就把事情做对的要领是提升中国企业管理水平的灵丹妙药，同时也是每个人应当信守的职业理念。当我们被要求"第一次就把事情做对"时，许多人会反驳："我很忙。"因为很忙，就可以马马虎虎地做事吗？其实，返工的浪费最冤枉。第一次没做好，再重新做时既不快，花费也不少。

一位房地产公司的主管曾经犯过这样一个错误，由于完成任务的时间比较紧，在审核广告公司回传的样稿时不仔细，在发布的广告中弄错了一个电话号码——服务部的电话号码被他们打错了一个数字。就是这么一个小小的错误，给公司导致了一系列的麻烦和损失。后来因为一个偶然的因素使他发现了这个错误，他不得不耽误其他的工作并靠加班来弥补。同时，还让上司和其他部门的数位同仁陪他一起忙了好几天。幸好错误发现得早，否则造成的损失必将进一步扩大。

由此可见，第一次没把事情做对，忙着改错，改错中又很容易忙出新的错误，恶性循环的死结越缠越紧。这些错误往往不仅让自己忙，还会放大到让很多人跟着你忙，造成巨大的人力和财力损失。

由此可见，把问题一次性解决才是最轻松高效的工作方法。在企业中每个人都应该树立起"把事情一次做对"的工作理念，不要把问题留给别人。

至于如何才能做到在第一次就把事情做对，克劳士比先生也给了我们正确的答案。这就是首先要知道什么是"对"，如何做才能达到"对"这个标准。

克劳士比很赞赏这样一个故事：

一次工程施工中，师傅们正在紧张地工作着。这时一位师傅手头需要一把扳手。他叫身边的小徒弟："去，拿一把扳手。"小徒弟飞奔而去。他等啊等，过了许久；小徒弟才气喘吁吁地跑回来，拿回一把巨大的扳手说："扳手拿来了，真是不好找！"

可师傅发现这并不是他需要的扳手。他生气地说："谁让你拿这么大的扳手呀？"小徒弟没有说话，但是显得很委屈。这时师傅才发现，自己叫徒弟拿扳手的时候，并没有告诉徒弟自己需要多大的扳手，也没有告诉徒弟到哪里去找这样的扳手。自己以为徒弟应该知道这些，可实际上徒弟并不知道。师傅明白了：发生问题的根源在自己，因为他并没有明确告诉徒弟做这项事情的具体要求和途径。第二次，师傅明确地告诉徒弟，到某间库房的某个位置，拿一个多大尺码的扳手。这回，没过多久，小徒弟就拿着他想要的扳手回来了。

克劳士比讲这个故事的目的在于告诉人们，要想把事情做对，就要让别人知道什么是对的，如何去做才是对的。在我们给出做某事的标准之前，我们没有理由让别人按照自己头脑中所谓的"对"的标准去做。

制订工作计划

效率来自于冷静周密的计划和科学的工作方法，然而现实中却有很多人试图用自己的行动来证明这样一个结论：效率出自勤奋。他们觉得对付工作的最好办法就是埋头苦干。因此，他们很少花时间对所做的工作进行思考，也很少总结过去的成败和得失，更没有去考虑下一步的工作方向，而是一门心思地做手头的工作。他们生怕坐下来思考会耽误工作进度，耽误了眼前的利益。

其实，过于忙碌而不注重效率和懒惰一样，也是一种延误工期的行为。时间管理专家说，你用于计划的时间越长，你完成工作所需要的时间就越短。这两个时间存在着极大的相关性和互补性，就看你怎么做，你是愿意多花一些时间在计划细节上下工夫，还是愿意多花一些时间去调整因为盲目工作而导致的错误！

一个人要想高效地解决自己工作中的问题，在实施计划之前要好好地认识一下工作中存在的问题，找出问题的症结所在：比如什么样的方法是最好的，什么样的工作方式才是正确的。把这些解决问题的方法纳入计划中，以此作为工作的努力方向。

玛格丽特是一位靠自己艰苦奋斗取得成功的女老板。她是英国一家广告公司的董事长，她明白怎样使自己每天的工作更富成效。她精通生意，因而在商业界具有很大影响。

她的公司年营业额为3亿美元。但刚开业时只在伦敦的一家饭店里租了一间房子，只有她母亲替她接电话，两个人甚至连午饭的时间也不休息，16年过去，已经成为公司董事长的她仍在办公室里吃午饭。"我安排自己的生活就像很多人经营自己的生意一样，不得不那么做。"她在一次接受记者采访时说："我虽然没有实际去拟定各种图表，但是我在脑子里已把一切都考虑得很周密。"

凡事预则立，不预则废，一个人只有知道如何安排工作，制订一个明确的工作进度表，才能高效率地办事，在短期内出色地完成老板交付的工作。

正如一位成功的职场人士所说："你应该在每一天的早上制订一下当天的工作计划，仅仅5分钟的思考就能使你一天的工作显得非常有效率。"

对于大部分员工来说，制订计划的周期可定为一个月，但应将工作计划分解为周计划与日计划。每个工作日结束的前半个小时，先盘点一下当天计划的完成情况，并整理一下第二天计划内容的工作思路与方法。

必须注意的是，在制订日工作计划的时候，必须考虑计划的弹性。不能将计划制订在能力所能达到的100%，而应该制订在能力所能达到的80%。这是由商业的工作性质决定的，因为，每个员工每天都会遇到一些意想不到的情况，以及上级交办的临时任务。

如果你每天的计划都是100%，那么，在你没有完成任务时，就必然会在第二天挤占你已经制订好的工作计划，原计划就不得不延期了，因为当天完不成的工作将不得不延迟到下一天完成。这样必将影响下一天乃至当月的整个工作计划，从而陷入明日复明日的被动局面。久而久之，你的计划失去了严肃性，你的上级就会认为你不是一个很精干的员工。

一次做好一件事

一个人的精力毕竟是有限的，如果将精力都分散到好几件事情上了，难免会顾此失彼。因此，要做一个高效解决问题的人，就应尽可能一次仅做好一件事情，这样才能够及时解决问题，而不是等着别人来解决。

专注可以充分挖掘出一个人的最大能量，要解决问题，只靠勤奋，不懂得集中精力是不行的。我们知道把子弹抛出去，它连很薄的布都穿不破；但若把子弹从枪膛里射出去，它的力量却可以穿透钢板。专注的力量在于，它能使你把精力集中起来，聚焦于一点上，以最快的速度找到解决问题的方法，并达到成功。

美国钢铁大王安德鲁·卡内基，富可敌国。令人佩服的是，他不但工作事务处理得非常好，能将一切事务掌握自如，而且晚上的宴会他也是每场必到，白天忙碌完公务后仍能有充足的时间和大家一起吃饭玩乐。手中虽然工作繁忙，但有时他还能安排出闲暇来表演娱乐节目。他如何运用自己的时间呢？

安德鲁说："其实能够轻松自如地做好大多数事情很简单，只要你能够安排好事情的轻重缓急，然后一次仅做一件事情，今日事今日毕，无论做任何事情都集中精力于这件事情上就可以了，仅此而已。"

安德鲁·卡内基先生正是能够每一次都把精力只集中于一件事情上，让自己不受其他事情的干扰，所以能够做那么多事情。我们要快速高效地解决好工作中出现的问题，也要养成专注工作，一次只做一件事的好习惯。如果工作起来不专注，即使去做一件很简单的事情，也很容易出现问题。

在亚特兰大举行的薛塔奇10公里长跑比赛中，赞助者为健怡可口可乐公司。为了促销产品，健怡可口可乐的商标显著地展示在比赛申请表格、媒体、T恤衫比赛号码上。

比赛当天早上，大会的荣誉总裁比格斯站在台上说："我们很高兴有这么多的参赛者，同时特别感谢我们的赞助商健怡百事可乐。"站在比格斯背后的健怡可口可乐公司代表极为愤怒："是健怡可口可乐，白痴！"超过1000位的参赛者一片哗然……

当时比格斯感到万分的羞辱和懊悔，他事后说："我知道是可口可乐，但是我当时分心走神了，结果洋相百出。给人留下了笑柄，可口可乐公司也对我不满。就是在那要命的一天，我知道了专注的重要性。"

比格斯的教训告诉我们，一个人如果无法专注工作，无论做一件多么简单的事情，他都不能够做好。

因此，要做好手头的工作，我们就应该努力专注于当前正在处理的事情，如果注意力分散，头脑不是在考虑当前的事情，而是想着其他事情的话，工作效率就会大打折扣。即使事情再多，也要全神贯注于正在做的事情，集中精力处理完毕后，再把注意力转向其他事情，着手解决下一个问题，否则就会连一个问题也解决不了。

王芳在出版社从事校对工作，她曾为自己定下一条原则：除非有特殊紧急事件，否则就要全身心地投入到校对工作中去。她坚持一次只做一件事的工作原则，一坐到桌前，她就不再想别的事，哪怕手中的书稿校对到只剩最后一页，她也绝不去想下一部书稿的事。没多久，王芳就发现，她的这条原则能让她专心致志地去工作，而且很少感到校对是一件枯燥无味的工作。她甚至发现一个小时的专心工作，抵得上一整天被干扰工作的成效。

当你集中精神，专注于眼前的工作时，你就会发现你将获益匪浅——你的工作压力会减轻，做事不再毛毛躁躁、风风火火。由于对工作的专注，每一次任务你都能够圆满高效地完成，很快你就能成为老板心目中解决问题的"高手"。

第九章
把最满意的结果留给老板

精益求精，尽善尽美

老板们欣赏能做好自己工作的人。能够做好自己的工作，不把问题留给老板，是取得职场成功的第一要素。

从来没有什么时候，老板像今天这样，青睐能做好自己工作的员工，并给予他们如此多的机会。各行各业，人类活动的每一个领域，无不在呼唤能自主做好手中工作的员工。齐格勒说："如果你能够尽到自己的本分，尽力完成自己应该做的事情，那么总有一天，你能够随心所欲从事自己想要做的事情。"反之，如果你凡事得过且过，从不努力把自己的工作做好，那么你永远无法达到成功的顶峰。对这种类型的人，任何老板都会毫不犹豫地排斥在他的选择之外。

要做好自己手头的工作，就要从一点一滴的小事开始，把自己经手的每一份工作做到尽善尽美。

彼得生活在一个贫困的工薪阶层家庭中，因为经济困难，他刚刚高中毕业，便不得不放弃上大学的机会，到一家百货公司去打工。虽然每天只有5美元的薪水，他仍然很珍惜这个来之不易的机会，每天都在工作中不断地学习，努力充实自己，想办法把自己的工作做得更好一些。

经过仔细观察，他发现无论有多么劳累，主管每次都要认真地检查那些进口的商品账单。由于那些账单都是用法文和德文书写的，他便开始在每天上班的过程中仔细研究那些账单，并努力钻研与这些商务有关的法文和德文。

一天，他看到主管十分疲惫，但仍一一核查那些账单，便主动要求帮助主管检查。由于有以前的那些准备，他干得相当出色。从那以后，检查账单的工作便由彼得接手了。

又过了两个月，彼得被叫到一间办公室接受一个部门经理的面试。给他面试的经理年纪比较大，对他说："我从事这个行业已经40多年了，你是我发现的为数不多的每天都要求自己进步、把工作做得更加完美的人。从这个公司成立开始，我一直从事外贸这项工作，也一直想物色一个得力的助手，但是因为这项工作涉及的面太广，工作又劳累繁杂，尤其是需要有高度的责任心，否则一个小小的差错也会使公司蒙受巨大的损失。这项工作最大的要求就是员工要把工作做到毫无差错、尽善尽美；我们认为你是一个合适的人选。我也相信公司的选择没有错。"尽管彼得对这项业务一窍不通，但是他对工作不断钻研、学习，让自己的能力不断提高，凭着那股尽职尽责的认真劲，半年后他已经完全胜任这份工作并做得相当出色。一年后，他接替了那位经理的工作，成为公司有史以来最年轻的部门经理。

作为一名员工，时时刻刻都要高标准，严要求，在工作中精益求精，把工作做到尽善尽美，这样才能赢得老板青睐，获得发展的机会。

一位资深的职业咨询师说过："你是否能够让自己在公司中不断得到成长，这完全取决于你自己。如果你仅仅满足于现在的表现，凡事都做到'差不多'或者'将就'的程度，那你在公司的地位永远都不能变得更加重要，因为你根本就没有做出出色的成绩。"

当老板赋予你一项重任时，一定要做出超越老板期待的业绩，千万不要满足于得过且过的表现，要做就做到尽善尽美。在追求进步方面，不要做到适可而止，一定要做到永不懈怠；在知识能力方面，不要满足于一知半解，一定要做到精益求精——只有如此，才能确保自己能够高标准地完成老板交代的任务，不把问题留给老板。

在工作之余不妨试着反省一下自己的工作：

如果你能在规定期限的前一天完成任务；

如果你能把每一件普通的小事处理得漂亮至极；

如果你能把上司交代的事情做得既周到又完美；

如果你能把那些别人可以做到合格的事情做到优秀，把别人可以做到优秀的事情做到卓越；

如果你能在做好本职工作之余，再替上司处理一些力所能及的事情；

如果你能把一件超乎想象的重任做得恰到好处。

如果在以上内容中，你能做到不止一项"如果"，那么你就能够成为老板眼中为数不多的不把问题留给老板的员工。

让顾客满意就是让老板满意

顾客就是上帝,在市场竞争日趋白热化的现代社会,各大企业之间的竞争已经由产品的竞争演变为服务的竞争。在这种趋势下,谁的服务更细致,更贴心,谁就可以赢得更多的顾客,争取到更多份额的市场占有率,获得更大的利润。

国内外许多成功的企业,在处理事情时都像一家小企业,即大企业也懂得小经营,竭尽全力地赢得顾客,因为现在是以顾客为导向的买方市场。市场没有贵贱差别,顾客也没有等级之分。有眼光的经营者总是将每一位顾客看做"重要顾客",并提供细致周到的服务。同样,不把问题留给老板的员工也会把客户的事当成自己的事,全力以赴让顾客满意,因为顾客就是上帝,让顾客满意就是让老板满意。

美国著名记者、评论家泰莉有一次去日本访问,回程的时候路过一家大百货公司,看中一部小巧的索尼随身听,因为对方是国际性大型企业,而泰莉当时的时间紧迫,就没有试听。

等到泰莉乘飞机回到了美国,拆开包装后发现里面装的只是一个随身听的空壳,泰莉大为恼怒,当夜写了一篇新闻稿,名为《一个国际名企背后的骗局》,准备隔天在华盛顿邮报上刊出。

不难想象,这篇文章一旦刊登,对索尼公司在美国消费者心目中的声誉将会是毁灭性的打击,索尼公司在美国的业务拓展也一定会步履维艰,想彻底消除这一件事情的影响,也不知道要花费多少时间、金钱和精力。

可是就在当夜凌晨两点，泰莉接到了索尼公司从日本打来的加急越洋电话，电话中，一位索尼公司的负责人连声向泰莉道歉，原来当时因为售货员的疏忽，把作为展示用的样品机卖给了泰莉，公司知道情况以后马上想方设法找到泰莉的联系方式，然后致电道歉，并许诺很快给泰莉更换。

泰莉大为感动，她不解地问这位主管："我当时只是匆匆路过，并没有留下任何联系方式，也没有说我是谁，你们是怎么得知我在美国住处的电话的？"

原来，为了寻找泰莉的联系方式，索尼公司东京办事处专门腾出了20多个人手，查访了上百人，连续打了39个加急电话，一直忙碌到凌晨，才找到了泰莉的联系方式。

泰莉完全被索尼公司的做法折服了，泰莉当即表示，只是一点小小的疏忽，没必要劳师动众地更换了。那位主管严肃地说："对我们的企业来说，信誉就是生命，为了维护企业的信誉，不管耗费多大都是值得的。"

仅隔一天，泰莉就收到了索尼公司派专人送来的正品机和一封恳切的致歉信，当晚她把那篇写好的批评文章扔进了垃圾桶，重新起草了一篇文章，叫做"39个加急电话——一个优秀企业对信誉的挽救"。

从表面上看，索尼公司那位主管似乎在小题大做，为一部小小的随身听耗费如此庞大的人力物力。可是从长远看，那位主管极力维护的是企业的良好信誉，同时也用他良好的职业素养赢得了顾客的心，使公司免除了一场信誉危机。

用他的话说："为了维护企业的信誉，不管耗费多大都是值得的。"正是这种服务意识为日后索尼产品开拓美国市场打下了坚实的基础。而这位主管，就是一个让客户满意，让老板放心的员工。

工作中，客户的事情再小，也与客户是否对公司100％满意这种完美结局紧紧联系在一起。每个客户都希望员工重视他们的任何一件小事，任何小的疏忽都会造成客户的不满，甚至可能产生十分严重的后果。因此，客户的每件小事都是大事，我们要为客户提供满意的服务就要注意从点滴的小事做起。

东京一家贸易公司有一位小姐专门负责为客商购买车票，她常给德国一家大公司的商务经理购买来往于东京和大阪之间的火车票。

不久，这位经理发现他每次去大阪时，座位总靠右窗口，返回东京时又总在左窗边。于是，他询问小姐其中的缘故。小姐微笑着答道："火车去大阪时，富士山在您的右边，返回东京时，富士山已到了您的左边。我想外国人都喜欢富士山的壮丽景色，所以我替您买了不同位置的车票。"

就是这种不起眼的细心，使这位德国经理十分感动，促使他把对这家日本公司的贸易额由400万马克提高到1 200万马克。他认为，在这样一件微不足道的小事上，这家公司的职员都能够想得这么周到，那么，跟他们做生意还有什么不放心的呢？

任何企业的成功都不是一蹴而就的，戴尔的成功和不断发展就是如此。正是形成了以客户为中心的企业文化，正是对客户无微不至的体贴与关心，才成就了戴尔今日的辉煌。

如今，企业之间的竞争主要是服务竞争，因此，老板眼中的优秀员工应当是能够时刻为客户提供最优质服务的员工。让客户满意就是让老板满意。每一位不把问题留给老板的员工都应当将顾客的事当成自己的事，竭尽全力为顾客提供满意的服务。

培养认真的做事风格

100件事情，如果99件做好了，一件未做好，而这一件事就有可能对某一公司、单位及个人产生百分之百的影响。

在数学上，"100-1"等于99，而在企业经营上，"100-1"却等于0。

一百次决策，有一次失败了，可能让企业关门；一百件产品，有一件不合格，可能失去整个市场；一百个员工，有一个背叛公司，可能让公司蒙受无法承受的损失；一百次经济预测，有一次失误，可能让企业破产……

一位企业经营者说过："如今的消费者是拿着'显微镜'来审视每一件产品和提供产品的企业的。在残酷的市场竞争中，能够获得较宽松生存空间的企业，不是'合格'的企业，也不是'优秀'的企业，而是'非常优秀'的企业，自己要求自己的标准，必须远远高于市场对你的要求之后你才可能被市场认可。"

广东有一家国有企业想与一家美国公司洽谈商务合作事宜，为此，这家国企花了大量时间做前期准备工作。在一切准备工作就绪后，这家国企邀请美国公司派代表前来企业考察。

前来考察的美方公司的总裁在这家国企领导的陪同下，参观了企业的生产车间、技术研发中心等一些场所，对中方的设备、技术水平以及工人操作水平等都点头认可。中方非常高兴，设豪华宴席款待了美方总裁。

宴会选在一家十分奢侈的大酒楼，有20多位中方企业代表及市政府的官员前来作陪。这位美国总裁还以为中方有其他客人以及活动，当他知道只为款待他一人时，感到不可思议，当即表示与中方企业的合作要进一步考虑。

这位总裁回到美国后，发来一份传真，拒绝了与这家国企的合作要求。中方认为，企业的各项要求都能满足美国公司的要求，对美方总裁的招待也热情周到，却莫名其妙地遭到拒绝，对此他们不可理解，便发函询问究竟。

美国公司在回函时说："你们吃一顿饭都如此浪费，若我们把大笔的资金投入进去，我们怎么能放心呢？"这家国企因为一顿奢侈的晚宴而毁掉了一个即将到手的合作，很是懊恼，此时木已成舟，他们追悔莫及！

在总结这次合作未成功的大会上，这家国企的老总说："要不是我们在宴会上的疏忽，我们一定会与美国公司合作成功的！离合作成功我们就'差一点'了！"

差一点就是差很多。差一点就可以让一个企业经历一番从天堂至地狱的轮回。差一点得到，就是未能得到；差一点结了婚就是未婚，差一点成功就是没有成功。这话说起来虽然令人惋惜和遗憾，但事实就是这样不讲情面。职场中没有"假如"，很多错误只能犯一次，试想如果一个护士不小心给糖尿病人输葡萄糖液，那会造成什么后果？如果一个水泥工人在操作中因疏忽生产了一批不达标的水泥，而一家建筑公司正准备用这批水泥做建筑材料，谁能知道他的不小心会造成多少灾难？一个财务人员如果在汇款时不小心写错了一个数字，公司又会蒙受多少损失呢？

任何一个老板都是精明的，他们是不会容忍那些拿着薪水还在工作中频频出错的员工的。更何况企业与企业之间，公司与公司之间，竞争越来越激烈，只要员工在工作中有一丁点儿失误，都有可能导致整个企业蒙受巨大损失。

一家服装厂的一名业务员为单位订购一批羊皮，在合同中写着："每张大于4平方尺、有疤痕的不要。"需要注意的是，其中的顿号本应是句号。结果供货商钻了空子，发来的羊皮都是小于4平方尺的，使订货者哑巴吃黄连，有苦说不出，损失惨重。

旧金山一位商人给一个萨克拉门托的商人发电报报价："一万吨大麦，每吨400美元。价格高不高？买不买？"而萨克拉门托的那个商人原意是要说"不。太高"，可是电报里却漏了一个句号，就成了"不太高"。结果这一次就使他损失了几十万美元。

一位管理专家一针见血地指出，从手中溜走1%的不合格，到客户手中就是100%的不合格。为此，我们要把最满意的结果留给老板，就要为自己的工作树立严格的标准。要自觉地由被动管理到主动工作，让规章制度成为自己的自觉行为，把事故苗头消灭在萌芽状态。

一个人要把自己的工作做好，不把问题留给老板，在他心目中必须有一个很高的标准，不能是一般的标准。在决定事情之前，要进行周密的调查论证，广泛征求意见，尽量把可能发生的情况考虑进去，以尽可能避免出现1%的漏洞，直到达到最佳的预期效果。

问问自己是不是做得够好了

有个刚刚进入公司的年轻人自认为专业能力很强，对待工作很随意。有一天，他的老板直接交给他一项任务，为一家知名企业做一个广告策划方案。

这个年轻人见是老板亲自交代的，不敢怠慢，认认真真地搞了半个月，半个月后，他拿着这个方案，走进了老板的办公室，恭恭敬敬地放在老板的桌子上。谁知，老板看都没看，只说了一句话："这是你能做的最好的方案吗？"年轻人一怔，没敢回答，老板轻轻地把方案推给年轻人。年轻人什么也没说拿起方案，走回自己的办公室。

年轻人苦思冥想了好几天，修改后交上，老板还是那句话："这是你能做的最好的方案吗？"年轻人心中忐忑不安，还是不敢给予肯定的答复。于是老板又让他拿回去修改。

这样反复了四五次，最后一次的时候，年轻人信心百倍地说："是的，我认为这是最好的方案。"老板看后微笑着说："好！这个方案批准通过。"

有了这次经历，年轻人明白了一个道理，一名出色的员工应当在工作中不断为自己提出更高的要求，一定要把自己最满意的结果带给老板，而不能将存在着问题的方案交给老板。在以后工作中他经常自问："这是我能做的最好的方案吗？"然后再不断加以改进。因为严格要求自己使他成为了公司不可缺少的一员，老板对他的工作非常满意。

由此，我们可以这样理解，工作做完了，并不表示不可以改进了。在满意的成绩中，仍要抱着客观的态度找出毛病，发掘未发挥的潜力，创造出最佳业绩，这才是一个不把问题留给老板的员工应有的表现。

在实际工作中，很多人都认为自己的工作已经做得很好了。但是，你真的已经发挥了自己最大的潜能而把事情做得卓越了吗？每一个人都拥有自己难以估量的巨大潜能，假如能够以负责的态度工作的话，就能够把自己身上的潜能最大限度地释放出来，把事情做得卓越。

一位推销员在公司购买的培训教材上看到了这样一句话："改进是唯一可取的工作态度。"开始，他有些怀疑，后来，为了验证这一句话，他细细反省自己的工作方式和态度，结果发现自己本来有许多可以与顾客成交的机会都错过了。后来，他分析原因，认为自己在工作中的确没有做到完全负责：在工作之前准备不充足，心不在焉，信心不足。于是，他制订了严格的工作计划，并付诸工作实践当中。

几个月后，他回顾了一下自己的工作，发现自己的工作业绩增长了好几倍。数年后，他拥有了自己的公司，开始在更广阔的天地里施展自己的才华。

现代职场中，一个不把问题留给老板的员工与一个凡事得过且过的员工之间，最根本的区别在于，前者懂得为自己的行为结果负责。这种工作态度常能感化"铁石心肠"的老板。而后者在工作中却常抱有这样一些想法：

（1）我今天终于完成了我的工作；

（2）速度要快，质量在其次，差不多就行了；

（3）现在的工作只是跳板，不需要我认真对待；

（4）我的工作能够得到他人的帮助就好了。

一个人一旦被这些想法左右，不管他的自身条件多么好，交付他的工作多么简单，也很难全心全意投入工作，圆满做好自己的工作。对这种员工，老板会时刻准备辞退。

改进是一种杰出的工作态度，它是一个迈向卓越的起点。从下面故事中这个小男孩身上，我们可以看到这种不断改进的精神。

有一次，一个替人割草、收拾花园的打工男孩打电话给一位太太："请问您需不需要一个园丁帮忙收拾花园？"那位太太说："我已经有了割草工了，不需要其他人。"男孩说："我还能帮您拔掉草丛里的杂草。"那位太太说："我的割草工也会那么做。"男孩接着说："我还会帮您把道路边的草割齐，这样，走路时就不会踩到草了。"那位太太说："我的割草工也做得到，我想他已经做得足够好了，我不需要新的割草工。"男孩挂了电话。他的朋友疑惑不解地问："你不就是在为那位太太工作吗？为什么你要打这个电话给她？"男孩回答说："我只是想看一看我是不是做得足够好，还有没有什么可以改进的地方？"

小男孩这种持续改进的工作精神是现代职场中非常需要的一种职业精神，有了这种精神，你就可以把最出色的工作业绩留给老板，成为不把问题留给老板的员工。

把工作做到位

每一个企业都需要做事到位的员工。那些能够把自己工作做到位的员工，自然会把最满意结果留给老板，而不是在工作中遗留大量的问题。海尔集团总裁张瑞敏先生曾说过这样一句话：如果让一个日本人每天擦六遍桌子，他一定会始终如一地做下去；而如果是一个中国人，一开始他会安排擦六遍，慢慢地他就会觉得五遍、四遍也可以，最后索性不擦了。中国人最大的毛病就是做事不认真、不到位。每天工作欠缺一点，天长日久就成为落后的顽症。

有一次，希望集团总裁刘永行访问韩国，被安排去一家面粉企业参观。然而就是这次普通的参观，给他很深的刺激，回国后好几个晚上都难以入眠。

这家面粉厂属于西杰集团，每天处理小麦的能力是1500吨，却只有66名雇员。一个只有几十名员工的小厂，其工作效率之高令刘永行惊叹不已。在中国，相同规模的企业一般日生产能力只有几百吨，但员工人数却高达上百人。希望集团的效率相对高于国内同行业标准，250吨日处理能力的工厂也有七八十名员工，日生产能力却仅有韩国工厂的1/6。

为了弄清楚其中的奥秘，刘永行与这家工厂的管理层进行了深入的交谈，了解到他们也在中国投资办过厂，地址在内蒙古的乌兰浩特。当时的日处理能力为250吨，员工人数却高达155人。同样的投资人，设在中国的工厂与韩国本土生产效率居然相差10倍之遥，效益自然也不会太理想，磨合了一段时间，觉得没有改善的可能性，就将工厂关闭了。

两家工厂的效率为什么有如此大的差距呢？是设备的先进程度不同？不是。相反，韩国本土工厂是20世纪80年代投入生产的，而内蒙古的合资厂却是在20世纪90年代建起来的，设备比原厂还先进。是管理方法的问题？也不是。工厂的主要管理层基本上都是韩国人。碰巧，刘永行遇到了那位曾在内蒙负责的韩国厂长。

怀着极大的好奇心，刘永行特意请教这位厂长："为什么同样的设备、同样的管理，设在中国的工厂却需要雇佣那么多人呢？"

那位厂长回答很含蓄："也许是中国人做事不到位吧。"而正是这么一句轻描淡写的话，却让刘永行回国后彻夜难眠。他知道，当着一群中国企业家的面，那位厂长的话已经是十分客气了。

然而就在这一句平淡的话背后，却隐含了许多我们在工作态度和做事理念上所存在的问题，一个做事认真到位的员工和一个做事潦草敷衍的员工相差不了多少，但每个人相差一点，积累起来就形成了企业效益之间的巨大差距。工作中小小的问题如果不及时处理，积累到一定时间就会成为企业发展的致命伤。

老板都喜欢那些能够把工作做到位的员工。那些做事偷工减料、偷奸耍滑的员工总是在工作中遗留一大堆问题，当然老板也不会喜欢这样的员工。

比利时一出著名的基督受难舞台剧，演员辛齐格几年如一日在剧中扮演受难的耶稣，他高超的演技与忘我的境界常常让观众不觉得是在看演出，而似乎像真的看到了台上再生的耶稣。

一天，一对远道而来的夫妇，在演出结束之后来到后台，他们想见见扮演耶稣的演员辛齐格，并合影留念。

合完影后，丈夫一回头看见了靠在旁边的巨大的木头十字架，这正是辛齐格在舞台上背负的那个道具。

丈夫一时兴起，对一旁的妻子说："你帮我照一张背负十字架的相吧。"

于是，他走过去，想把十字架拿起来放到自己背上，但他费尽了全力，十字架仍纹丝未动。这时他才发现那个十字架根本不是道具，而是一个真正橡木做成的沉重的十字架。

在使尽了全力之后，那位先生不得不气喘吁吁地放弃。他站起身，一边抹去额头的汗水一边对辛齐格说："道具不是假的吗，你为什么要每天都扛着这么重的东西演出呢？"

辛齐格说："如果感觉不到十字架的重量，我就演不好这个角色。在舞台上扮演耶稣是我的职业，和道具没有关系。"

因此，职场中永远没有道具——你要做好你的工作，做一个不把问题留给老板的优秀员工，就必须付出百分百的努力，学会正确的思维方式，找到最有效的方法和工具，去解决工作中的所有问题！